U0457614

勘误表

页	行	误	正
编委会	2	汤玲玲	汤灵玲

纠纷调解系列丛书

Handbook of
Medical Dispute
Mediation

医疗纠纷调解手册

潘月新　应　静 /主编

ZHEJIANG UNIVERSITY PRESS
浙江大学出版社
·杭州·

图书在版编目（CIP）数据

医疗纠纷调解手册 / 潘月新，应静主编. -- 杭州：
浙江大学出版社，2024.1
ISBN 978-7-308-21959-4

Ⅰ．①医… Ⅱ．①潘… ②应… Ⅲ．①医疗纠纷—处
理—中国—手册 Ⅳ．①D922.164

中国版本图书馆CIP数据核字(2021)第246786号

医疗纠纷调解手册

YILIAO JIUFEN TIAOJIE SHOUCE

潘月新　应　静　主编

责任编辑	朱　辉	
责任校对	陈丽勋	
责任印制	范洪法	
封面设计	春天书装	
出版发行	浙江大学出版社	
	（杭州市天目山路148号　　邮政编码　310007）	
	（网址：http://www.zjupress.com）	
排　　版	杭州林智广告有限公司	
印　　刷	杭州高腾印务有限公司	
开　　本	787mm×1092mm　1/16	
印　　张	8.75	
字　　数	201千	
版 印 次	2024年1月第1版　2024年1月第1次印刷	
书　　号	ISBN 978-7-308-21959-4	
定　　价	35.00元	

版权所有　侵权必究　　印装差错　负责调换

浙江大学出版社市场运营中心联系方式：0571-88925591；http://zjdxcbs.tmall.com

编委会

主　　任　汤玲玲

副 主 任　卞　悦　方　磊　陈建华

主　　编　潘月新　应　静

副 主 编　刘燕平　金　晶

编　　委（按姓氏笔画排序）

　　　　　　刘燕平　应　静　金　晶

　　　　　　徐新鹏　潘月新

人人皆知医，苍生少枉死。

接到潘月新老师让我为本书作序的邀请时，我正在国外出差奔忙；等挤出时间强迫自己静下心来思考时，脑子里跳出来的，是我办公室一块匾上自撰自书的这十个字。

自 1984 年从农村考出去学医从卫至今，我越来越觉得这十个字应该是我终身的努力方向——最大限度地让更多人树立自己是"健康第一责任人"的理念，努力做到"我的健康我知道、我的健康我维护"。

然而，在我国经济社会和卫生健康事业快速发展的过程中，各种各样的医疗纠纷也层出不穷；而且，其成因十分复杂。我认为，患者及其家属对现有医疗、医药、医保体制机制和医学专业的认知局限，叠加医疗机构、医务人员的解释口径、方式、态度等因素，导致预期结果与现实结果之间产生差距，是发生纠纷的主要原因。

行善或无人见，积德自有天知！

因此，收到潘月新老师发来的电子书稿，我还没有开始阅读就感觉到她做了一件功德无量的好事！

本书分为"医疗纠纷基础理论""医疗损害行为与责任认定""医疗纠纷三大调解制度""医疗纠纷调解的技巧与调解协议的书写要点"四篇共十三章，每章都很实用，附录的《医疗广告管理办法》等五个政策性文件也同样实用。

本书对于医疗、医药、医保三个行政部门的工作人员，对于广大专业医护工作者，尤其是对有调解需要的患者和家属，都是很好的专业工具书。

第四篇第一章"医疗纠纷调解的技巧"中的"强调事先预防""把握患方的心态""选择有效的沟通方式""控制患方不合理的期待值""'面对面'与'背靠背'结合"等四个要点，我认为是本书的精彩闪亮之笔！这也让我想起了与潘月新老师相识的缘起。

因为担任浙江省心理健康促进会会长，十年来我应邀为杭州电视台西湖明珠频道《和事佬》栏目的各类调解做心理专家点评，逐渐发现潘月新老师在众多现场调解专家中也是极优秀的。她先后获得了全国维护妇女儿童权益先进个人、杭州市巾帼建功标兵、G20 杭州峰会医疗志愿者先进个人等 16 项荣誉，约 300 期杭州电视台调解节目广受观众好评，多期优秀调解节目在中央电视台 12 频道播出，多年来还调解不同领域各类案件 16000 多例。我认为，潘月新老师的调解实践、公益奉献和理论升华，是践行新时代"枫桥经验"的典型代表，特别值得我们致敬和学习！

是为序！

倪荣

2023 年 11 月 16 日

于泰国国立清迈大学

前言 Preface

　　随着医疗技术水平的提高，人们对健康更加关注，对社会医疗体系提出更高要求。与此同时，医患矛盾也更加凸显，成为社会不稳定因素之一。党的二十大报告指出，健全共建共治共享的社会治理制度，提升社会治理效能，在社会基层坚持和发展新时代"枫桥经验"，完善正确处理新形势下人民内部矛盾机制，及时把矛盾纠纷化解在基层、化解在萌芽状态。医疗纠纷调解作为行业性、专业性调解，充分发挥了调解平等协商、互谅互让、不伤感情、成本低、效率高的优势，确保医疗纠纷定性、定责及调解的公平、公正和权威，积极化解医患矛盾，使医患双方的合法权益都能得到更好维护，为人们创造和谐的就医环境，维护社会稳定。

　　为了更好发挥调解"第一道防线"的作用，我们编写了《医疗纠纷调解手册》。本书对医疗损害行为与责任认定、医疗损害赔偿、医疗纠纷解决机制等内容做了详尽的解释和指引，特别是对医疗事故处置这一专业领域，分别阐述医疗事故概述、医疗损害责任的构成要件、医疗损害鉴定和免责事由等环节，便于读者准确把握医疗纠纷处理过程中的关键点和法条的运用，使本书更具实际操作性和指导性，快速有效地提升读者调处化解医疗纠纷的能力。

　　本书期望通过对各类医疗纠纷涉及的处理流程的阐述、法律规定的列举、典型案例的解析、调解协议书的规范制作，为医疗纠纷调解工作人员提供相关法律法规、医疗基础专业知识、调解沟通技巧等方面的指导，成为他们日常工作的好帮手。

　　由于编写时间仓促，书中难免存在不足之处，敬请读者提出宝贵意见，在此深表感谢！

第二篇　医疗损害行为与责任认定

第三篇　医疗纠纷三大调解制度

第四篇 医疗纠纷调解的技巧与调解协议的书写要点

第一篇

CHAPTER 1

医疗纠纷基础理论

第一章　医疗行为

一、医疗行为的概念和范围

◆　**知识点提炼**

　　医疗行为　疾病的诊断和治疗　帮助或避免生育行为　医疗美容行为　戒除病态依赖行为　矫正畸形行为　改善（改变）身体外观行为　恢复或增进人体功能的行为　其他医疗行为

◆　**知识点详解**

　　医疗行为　指医疗卫生部门的主要活动，同时也是医患法律关系的客体。要追究医疗损害的赔偿责任，必须确认其医疗行为是否存在过失，以及过失与损害结果之间是否有因果关系。

　　医患法律关系中的医疗行为是指医疗机构通过医务专业技术人员为了一定的医疗目的，对患者因疾病、器官缺陷、身体不适、生育以及身体保健等方面发生的身心健康问题，运用医学专业知识和技术进行的判断、预防和处理。

　　疾病的诊断和治疗　指通过各种检查，使用药物、器械及手术等方法，对疾病做出判断和消除疾病、缓解病情、减轻身体痛苦、改善身体功能、延长生命、帮助患者恢复健康的活动。疾病的诊断和治疗被视为最典型的医疗行为，在我国包括西医和中医两种。

　　帮助或避免生育行为　指人工授精，试管婴儿，以及对孕妇的诊断、检查、助产、接生、剖宫产手术等帮助生育的行为和放置宫内避孕器、实施结扎手术等节育行为。

　　医疗美容行为　指使用药物、手术和其他损伤性或者侵入性手段进行的美容整形行为，如隆胸、手术减肥、造重睑术（俗称割双眼皮）等。

　　戒除病态依赖行为　指通过用药等医学手段戒除对毒品、麻醉药品、兴奋药品等的病态依赖行为。

　　矫正畸形行为　指以手术等医学手段矫正身体畸形的行为，如连体婴儿分割手术，去除多余手指、脚趾等。

改善（改变）身体外观行为　指变性手术、易容手术、处女膜修补手术等行为。

恢复或增进人体功能的行为　指对残、病患者施以电疗、牵引等康复行为。

其他医疗行为　指针对不同人的具体情况，运用医学专业知识和专业技能，给予相应的不同措施，并与接受者的身体健康和生命安全密切相关的行为。

◈ 选择题

1. 下列哪一项不属于医疗行为？　　　　　　　　　　　　　　　（　　）

    A. 康复行为　　　　　　　　　　　B. 戒除毒品依赖行为

    C. 结扎手术　　　　　　　　　　　D. 陪诊

2. 医疗行为的范围包括　　　　　　　　　　　　　　　　　　　（　　）

    A. 疾病的诊断和治疗　　　　　　　B. 帮助或避免生育行为

    C. 戒除病态依赖行为　　　　　　　D. 改善（改变）身体外观行为

◈ 案例题

1. 王女士因临产入住医院。次日下午，医院准备对王女士实施剖宫产手术。术前，医生在未询问病史也未办理麻醉告知手续的情况下就为王女士进行了麻醉。在手术尚未消毒完毕时，王女士突然出现全身抽搐、神志不清等症状，医生经过给予药物控制、实施手术后，王女士最终生下了孩子。但她在手术当中一度出现呼吸心跳骤停险情，手术后昏迷长达 20 个小时。一个月后王女士出院，诊断为：骨盆畸形，羊水过少，癫痫持续状态，原因待查。

问：医院实施的医疗行为有什么问题？如果你是法官会如何处理？

2. 2018 年 3 月 7 日，某甲因"反复少量鲜血便、肛门肿块脱出 3 年"就诊于 A 医院，接诊医师未予检查直接诊断为"外痔"并予"外用痔疮外洗药、太宁栓、消痔膏"治疗。2018 年 8 月 2 日，某甲因前述症状未缓解遂就诊于 B 医院，直肠指诊结果为：直肠距肛门 5cm 左侧壁可触及一肿物，表面不光滑，指套染血。CT 结果为：直肠癌，侵犯浆膜层；骶前区、直肠周围间隙及直肠旁间隙多发淋巴结。肠镜结果为：直肠癌，结肠息肉。B 医院医师追问病史，发现 2017 年 10 月，某甲在 C 医院体检示乙肝病毒携带者，CEA 5.2ng/mL，没有特别健康提示。2018 年 8 月 5 日，B 医院为某甲在全麻下行腹腔镜辅助直肠癌低位前切除术，病理可见肿瘤侵犯肠壁超过半圈。此后，某甲多次返院化疗。

问：（1）A 医院是否漏诊直肠癌？

（2）如果 A 医院确实漏诊直肠癌，这给某甲造成了什么损害结果？

参考答案

二、医疗行为的特征

◆ **知识点提炼**

道德性　公益性　不确定性和探索性　专业性　侵袭性　高度风险性　自主性和合作性

◆ **知识点详解**

道德性　指其具有救死扶伤、治病救人的特性。医师的医疗行为必须受到医疗道德或医学伦理的规范。《中华人民共和国医师法》(以下简称《医师法》)第三条规定："医师应当坚持人民至上、生命至上，发扬人道主义精神，弘扬敬佑生命、救死扶伤、甘于奉献、大爱无疆的崇高职业精神，恪守职业道德，遵守执业规范，提高执业水平，履行防病治病、保护人民健康的神圣职责。"

公益性　医疗机构的宗旨是救死扶伤、防病治病、为公民的健康服务。1997 年 1 月，《中共中央、国务院关于卫生改革与发展的决定》明确指出，我国卫生事业是政府实行一定福利政策的社会公益事业，政府对发展卫生事业负有重要的责任；卫生改革要坚持为人民服务的宗旨、正确处理社会效益与经济收益的关系，把社会效益放在首位，要以提高人民的健康水平为中心，优先发展和保证基本卫生服务，保障医疗卫生机构的公益性的实现。

不确定性和探索性　医疗行为的不确定性首先表现在生物体具有不确定性。医疗行为的对象是患者，尽管医生在实施医疗行为时已经将经验、技术等因素充分考虑进去，但是由于作为患者的生物体之间存在着很大的差异，人体的基因不同，体质不同，情绪不同，所处环境不同，患者的疾病表现、治疗效果也不同，因而任何治疗方案对不同患者的治疗效果都是不一样的。即便诊断明确、治疗及时，有些患者的治疗依旧不能达到预期效果。医患关系是建立在相互信赖的基础之上的，医疗行为的实施要靠医患双方的相互配合才能达到预期的效果和目的。患者如实陈述自己的病情并遵守医嘱，是达到理想的医疗效果必不可少的重要条件。如果患者未能如实陈述自己的病情或未能正确地执行医嘱，则会增加医疗行为及其效果的不确定性。

医疗行为的不确定性也表现为医疗行为的探索性。由于人类的科技水平和认知能力的局限，生命科学领域中还存在许多谜团。人类对疾病的认识只有在病情发生并达到一定的数量后，才能依据观察的结果和经验加以统计学分析，做出初步判断。这些因素都决定了人类对自身的了解在很大程度上是跟随疾病的出现而被动地进行的。

专业性 医疗行为是运用医学科学理论和技术对疾病做出诊断治疗，恢复人体健康，提高生命质量的高技术职业行为。医学科学具有专门性、复杂性、综合性，要求从业者必须经过专门的教育培训，并且经过医师资格考试取得从业资格方能实施医疗行为。人体科学是科学领域最为复杂的一门学科，疾病的表现与正常生理活动交织在一起，这就要求医师具有对各种检查检验手段娴熟的操控能力、运用扎实的专业知识准确了解和诊断各种疾病的判断能力以及为患者选择最佳方案的施治能力。从这个意义上说，医师是一项具有高度专业性的职业，国家在医学教育的课程设置、高素质医师培养上的要求远高于其他职业。国家也制定了严格的任职考察制度，不具备相应的专业知识而擅自从事医疗活动是违法行为，情节严重的构成非法行医罪，将受到国家法律的制裁。

侵袭性 医疗行为虽然是以拯救患者生命健康为目的，但采用的诊疗方法，都对身体具有侵入性和损害性。如注射、手术、抗癌放射性化疗法和化学性疗法等，都具有医疗行为的侵袭性。因此，法律允许医疗行为在一定限度内对个体利益的侵害。但是，医学上对这种伤害特点的侵袭行为具有严格的限制，只有在公认的医学标准范围内属于法律允许的行为，才受到法律的保护。

高度风险性 就其实质而言，医疗行为是一种探索性的科学行为，这种探索具有许多不可预测的未知因素，其过程本身带有很大的风险。这种风险发生的原因主要包括：医疗器械和设备能力有限造成的潜在风险，对疾病发生、发展认识的局限性造成的风险，对就医者临床症状表现与疾病性质认识的局限性造成的风险，医师的认识水平局限性造成的风险，等等。

自主性和合作性 医疗行为的自主性包括医务人员之间、医患之间两个方面。医疗组长对本组的医疗质量负责，负责个案的整体医疗计划，并对结果负责，具有自主性；主治医师和住院医师在一定范围内有决定权，具有不完全的自主性；实习医师必须接受主治医师或者住院医师的指导和监督，实习医师不具有自主性。医患之间的医疗行为具有自主性。由于接受医疗行为的人大多不具备足够的医学知识，所以传统上认为医师可以决定采取一切有利于患者的措施。随着社会文明程度的提高和医学知识的普及，需要改变患者的地位，让医患关系处于一个平等的地位。因此，医师有义务尊重患者一定程度的自主权。

医疗行为的合作性也体现在两个方面。其一，在现有医学条件下，几乎没有一个医师可以不依靠其他卫生技术人员的配合独自完成疾病的诊疗工作；其二，医患之间的合作尤其重要。在现代医学模式下，医师要向病患说明疾病病因、诊断方法、治疗原则以及可能的预后等，并取得患者的同意；同时，医师的诊断和治疗需要患者的配合，患者要对病症状况真实陈述，配合检查检验、治疗，遵守医嘱，以达到最佳医疗效果。

◈ 选择题

1. 医疗行为的特点包括 （　　）
   A. 医疗行为具有专业性　　　　　　B. 医疗行为具有侵袭性
   C. 医疗行为具有合作性　　　　　　D. 医疗行为具有确定性
2. 关于医疗行为的自主性和合作性，下列说法错误的有 （　　）
   A. 主治医师和住院医师具有决定权和完全的自主性
   B. 医患双方地位不平等
   C. 医师要向患者说明病因、诊断方法、治疗原则
   D. 患者要对病症状况做真实陈述，配合检查治疗

◈ 案例题

1. 2014 年 4 月 7 日，郑某因左侧腰部痛在被告处住院治疗，入院诊断：输尿管结石（左）。于被告医院术后，原告出现左下肢发麻、活动障碍症状，后经检查，确诊为：左坐骨神经高位严重损害，累及腓总神经完全损害，胫神经严重损害。原告郑某认为，被告医院违反诊疗规范，术前未征得原告知情同意，术中麻醉操作不当，致原告左坐骨神经高位严重损害，累及腓总神经完全损害，胫神经严重损害，故向法院提起诉讼，维护原告的合法权益。

问：该案例体现了医疗行为的什么特点？

参考答案

三、医疗行为的分类

◆ **知识点提炼**

临床性医疗行为　实验性医疗行为　诊疗目的性医疗行为　非诊疗目的性医疗行为

◆ **知识点详解**

临床性医疗行为　指医疗方法或者医疗技术已经动物或人体实验证实其疗效，为医学界所公认的医疗行为。疾病的检查、诊断、治疗，手术、麻醉、注射，给药、处方、病历记录、术后疗养指导，以及中医的望、闻、问、切、针灸、推拿等，都属于临床性医疗行为。

实验性医疗行为　指医疗方法或医疗技术于动物实验已获得成功，初期试用于人体治疗、矫正、预防，但其疗效还未被证实或者尚无完全把握的医疗行为。

诊疗目的性医疗行为　指以目前疾病治疗以及将来疾病预防为目的所实施的医学界公认的、合乎医学水准的医疗行为，如实施的诊断、检查、手术等。

非诊疗目的性医疗行为　包括实验性医疗行为和非以疾病的治疗或预防为目的的医疗行为。前者如人体实验等，后者如以整形为目的的整形手术、变性手术等。

◆ **选择题**

1. 医疗行为的分类包括　　　　　　　　　　　　　　　　　　　　（　　）
　　A. 临床性医疗行为　　　　　　　　B. 诊疗目的性医疗行为
　　C. 实验性医疗行为　　　　　　　　D. 非诊疗目的性医疗行为

2. 临床性医疗行为包括　　　　　　　　　　　　　　　　　　　　（　　）
　　A. 疾病的检查　　　　　　　　　　B. 疾病的诊断
　　C. 术后养疗指导　　　　　　　　　D. 中医的针灸

3. 非诊疗目的性医疗行为包括　　　　　　　　　　　　　　　　　（　　）
　　A. 人体实验　　　　　　　　　　　B. 整形手术
　　C. 变性手术　　　　　　　　　　　D. 诊断

参考答案

第二章　医患关系

一、医患关系的法律性质

◈　**知识点提炼**

医疗消费服务关系　医疗服务合同关系　医疗无因管理关系　强制医疗关系

◈　**知识点详解**

医患关系从法律的角度来看，指的是医师受患者的委托对患者实施诊断、治疗等行为所形成的法律关系。想要恰当地处理医疗纠纷诉讼，首先要明确医患双方的法律关系的性质，其次是在发生医疗纠纷时责任方应当承担何种性质的责任，以及原告方应以何种案由起诉、适用何种法律法规，等等。

医疗消费服务关系　有观点认为，医患双方是医疗消费服务关系，原因在于医院所提供的服务、药品都是有偿的，患者需要花钱才能享受医疗服务，医院所提供的医疗服务完全符合《中华人民共和国消费者权益保护法》（以下简称《消费者权益保护法》）第二条规定的"消费者为生活消费需要购买、使用商品或者接受服务"的情形，与我们日常生活中在超市中购买日常消费品没有质的区别。目前广东省、福建省、浙江省在《消费者权益保护法》的实施办法中明确把医患关系纳入调整范围。

反对者则认为《消费者权益保护法》明确规定了消费者的安全权、选择权、知情权、公平交易权、受教育权、索赔权、受尊重权、监督权以及保证可得到商品和服务的权利，且上述权利在每个消费行为中都可以得到落实，而医疗行为不同于一般消费行为的自治特点，其带有某种强制性。医疗机构在任何情况下无权拒绝患者的就诊要求，如若患者病情超出了该医疗机构的治疗范围或治疗能力，医生有义务提示患者转院，但对危重患者，因法律规定的强制缔约义务，必须要就地治疗而不得拒绝急救。同时从法律关系主体的角度来看，在《消费者权益保护法》的理论中，消费者与经营者是一对具有特定含义的概念。消费者是指为生活消费需要而购买或使用商品和服务的个人或单位，是生活消费的主体；而患者因病接受医疗机构的诊疗服务不是日常生活消费，不能等同于《消费者权益保护法》中所指的消费者。

综上，医疗本身的特殊性，决定了患者与一般消费者的性质不同，医患关系不能简单地等同于经营者和消费者的关系，患者不是消费者，医疗机构也不是经营者，医疗服务更不是生活消费服务，因此医患关系不应当简单地适用《消费者权益保护法》。

需要指出的是，并非所有的医患关系均要排除在消费服务关系外，如医疗美容服务纠纷和在营利性医疗机构发生的医患纠纷中，就有可能属于医疗服务关系的案例。医疗美容服务应是一种经营性质的服务，且是以营利为目的的，所以医患双方属于医疗消费关系。

依据我国目前对医疗机构性质的划分，医疗机构分为以营利为目的和不以营利为目的两种。由于以营利为目的的医疗机构所提供的不是公共医疗卫生服务，而是为获得经济利益的商业服务，此类医疗机构属于经营者。因此，在营利性医疗机构所发生的医患纠纷中，如果是单纯以营利为目的的医疗行为，则属于消费服务关系，其法律关系受《消费者权益保护法》的调整。

医疗服务合同关系　由于医疗行为的特殊性，医疗合同与其他民事合同相比具有一定的特殊性。任何合同的履行都需要各方当事人共同协助，当事人的协力义务在医疗合同中体现得尤为重要，因为诊疗过程需要患者的高度配合。患者要向医生说明情况、病史等，对医生的提问要尽可能详细准确地回答。在治疗过程中还需要患者谨遵医嘱，按时服药、检查，注意休养等。如果患者不予配合，即使医师有再好的医术也无法实现医疗合同的目的，因患者不配合而导致治疗失败时，不能追究医方的法律责任。

但并非所有医患纠纷均属于医疗服务合同纠纷，如患者及其家属在进入医疗机构的场所或设施之后，在挂号就诊之前，因医疗机构疏于对其设施、物品的管理或设施、物品具有隐患而致患者及其家属人身或财产损害的，此时应适用一般侵权的法律关系来调整。在医疗服务结束以后，因医疗机构出具虚假医学证明造成患者名誉权受到损害或者因出具不当医学证明而侵犯患者名誉权，或者因故意或过失泄露患者隐私侵犯患者隐私权的，医疗机构及相关医务工作人员也应承担相应的侵权责任，这种侵权应属于一般的侵权法律关系。

医疗无因管理关系　《中华人民共和国民法典》（以下简称《民法典》）第九百七十九条第一款规定："管理人没有法定的或者约定的义务，为避免他人利益受损失而管理他人事务的，可以请求受益人偿还因管理事务而支出的必要费用；管理人因管理事务受到损失的，可以请求受益人给予适当补偿。"

医疗事务的无因管理是指医方在没有约定义务和法定义务的情况下，为了避免患者的生命健康受到损害，自愿为患者提供医疗服务，双方因此而形成一种债权债务关系。在医患无因管理关系中，患者应当按照法律规定向医方支付相应费用。同时，医疗机构作为管理者应履行适当管理的义务、管理人将管理事实通知本人的义务、管理人不当管理造成损失的赔偿义务等。

如果在无因管理过程中医疗机构因过错对患者造成损害，则表明无因管理行为在性质上已经发生了变化，即已经转化为侵权行为。那么何种情况下医疗无因管理关系会转化为侵权行为呢？一般情况下，医疗机构只要按照一个"善良管理人"所应尽的注意义务来处理事务，就应认为已履行了其注意义务。在紧迫状态下，医疗机构只要不具有恶意或者不是毫不顾及患者利益，即使具有一般的过失，也不应认为其已构成侵权。

强制医疗关系　强制医疗关系是指医疗机构基于国家法律授权或者行政机关委托，对严重威胁公共利益的患者以卫生行政机构、医疗机构的强制医疗权利和患者的配合治疗义务为主要内容的特殊医疗法律关系。强制医疗本质上是国家基于医疗的特殊性和对国民生命、健康的保护，在法律上赋予医疗机构和医务人员代为行使强制医疗的权利，接受强制性治疗不只是患者的自觉义务，也是国家法律规定应该履行的法定义务。强制医疗包括强制隔离、强制留置、强制观察和强制治疗等措施。

1. 强制隔离

指将传染期内的病人、病原体携带者及疑似传染病病原携带者置于不可能传染给他人的条件下，限制其行动和自由，以防止病原体的进一步扩散。

2. 强制留置

在部分传染病暴发流行的紧急状态时期，为了救治患者和保护广大社会民众免受传染病的传染，医疗机构应享有留置病人的权利，目的是救助。

3. 强制观察

指对疑似传染病病原携带者在上述条件下进行密切观察，定期进行检查，保证其不传染给其他人员。隔离期间可以对其某一项或者某几项指标进行定期检查，一旦发现可疑体征必须立即应对，一旦发现是传染病病人应当立即送医疗机构进行隔离治疗。

4. 强制治疗

指对传染期内的病人和病原携带者在隔离等条件下进行医学治疗，以保证其不传染给其他人员。隔离治疗的期限可以根据不同传染病的具体法定防治方案而定。依据传染病的类别，隔离治疗可以分为住院隔离、临时病室隔离和家庭隔离。

◆　**选择题**

1. 强制医疗关系包括　　　　　　　　　　　　　　　　　（　　　）

　　A. 强制隔离　　　　　　　　　　　　B. 强制留置

　　C. 强制治疗　　　　　　　　　　　　D. 强制观察

◆　**案例题**

1. 刚满一岁的刘某因发热、反应迟钝、皮疹三天而在当地的妇儿中心门诊处急诊，经诊断判断为暴发型流行性脑脊髓膜炎。同日下午，妇儿中心以刘某患传染病为由，拒绝刘某的法定代理人提出的转院及出院的请求，并对刘某进行隔离治疗。后在治疗过程中造成了刘某容貌损害，鼻梁及鼻翼皮肤糜烂。双方由此产生争议。

参考答案

问：妇儿中心采取的强制医疗手段合法吗？理由是什么？

二、患者的权利、义务

◆ **知识点提炼**

患者的权利　患者的义务

◆ **知识点详解**

患者的权利　生命健康权；人格权（隐私权、姓名权、肖像权、名誉权）；财产权；公平医疗权；自主就医权（包括选择医疗机构和医护人员）；知情与同意权（患者对疾病的病情、治疗措施、医护人员的情况等享有知情权，而医院采取的治疗行为应事先征得患者或家属的同意之后方可进行）；医疗文件的查阅权、复印权；监督权；索赔权；申请鉴定权；申请回避权（对可能影响公正、公平医疗事故鉴定的组成人员，有权提出回避）。

患者的义务　患者在接受医疗服务的过程中，应当遵守和履行以下义务：一是遵守医院的各项规章制度，接受医院的相应管理；二是尊重医务人员的人格及工作；三是积极配合医疗服务，严格遵照医嘱进行治疗；四是接受强制治疗义务，患者患有传染性疾病时，应按照法律法规的要求，主动接受强制性治疗；五是缴纳医疗费用的义务；六是防止扩大损害结果发生的义务。

◆ **选择题**

1. 患者的权利包括　　　　　　　　　　　　　　　　　　　　（　　）
   A. 财产权　　　　　　　　　　　　B. 医学处方权
   C. 知情与同意权　　　　　　　　　D. 申请鉴定权

2. 患者的义务包括　　　　　　　　　　　　　　　　　　　　（　　）
   A. 遵照医嘱治疗　　　　　　　　　B. 缴纳医疗费用
   C. 尊重医务人员的工作和人格　　　D. 自行决定是否接受治疗

◆ **案例题**

1. 2004 年患者杨某酒后从楼梯上摔下，导致头颈部疼痛，四肢麻木，其家属将其送至医院后被诊断为"颈髓损伤"，由骨科留院观察并做头部牵引及时对症处理。后患者诉腹胀呕吐，经被告医院外科会诊，拟诊胃肠道麻痹，予以禁食、胃肠减压。

由于患者杨某不能忍受插胃管的痛苦，多次插胃管均未成功，患者家属看到杨某痛苦不堪遂拒绝被告医院实行胃肠减压。后杨某突然呼吸微弱、脉搏消失，经抢救无效死亡。

参考答案　　问：医院是否应当为杨某的死亡承担责任？

三、医生及医疗机构的权利、义务

◆ **知识点提炼**

医院的权利　医院的义务

◆ **知识点详解**

医院的权利　主要有治疗权，包括疾病检查权、自主诊断权、医学处方权；医学研究权；医护人员的人格尊严权；等等。

医院的义务　主要有依法开业及执业的义务；依法或约定提供医疗服务的义务；对社会及患者的忠实诚信义务，向患者及家属说明病情、治疗措施、注意事项的告知义务；医疗转诊义务，对不能治疗的疾病应及时建议患者转院治疗；报告义务，发生重大医疗事故等情况应依法向卫生主管部门报告；职业道德方面的义务，如诊疗最优化、用药适量、手术合理、治疗方案最佳、使患者痛苦最小、医疗费用最低；等等。

◆ **选择题**

1. 医生及医疗机构的权利义务包括　　　　　　　　　　　　　　（　　　）

　　A. 自主诊断权　　　　　　　　B. 医学研究权

　　C. 公平医疗权　　　　　　　　D. 人格尊严权

◆ **案例题**

1. 原告张某从建筑工地的脚手架上摔下，被送到山东省某人民医院接受治疗，入院症状为：腰部疼痛，双下肢活动障碍，无恶心呕吐现象。经腰椎CT检查及X射线检查，拟诊为"胸12骨折伴截瘫"。因当时山东省某人民医院骨科没有病床，急诊给予留置导尿、镇痛后，转到山东省某人民医院的协作医院观察治疗（协作医院没有相应的骨伤治疗条件）。山东省某人民医院在有病床后将张某转回治疗，并择期手术，手术方案选择也没有过错。后张某出院时鉴定为二级伤残。

问：张某可以追究山东省某人民医院的责任吗？

2. 患者刘先生（男，60岁），2015年因精神障碍在甲医院住院治疗。事发当日20时左右，当班护士吴某错将患者王某的口服药给刘先生服下，当班医生李某知道后立刻给予刘先生温水洗胃等紧急治疗。后转入市医院抢救，经抢救无效于第二日死亡（未尸检），死亡原因为Ⅰ型肾衰。患方认为刘先生系因护士拿错药而死亡，起诉甲医院赔偿死亡赔偿金、丧葬费、精神损害抚慰金等各项损失共计38万余元。

诉讼中，法院经甲医院申请，委托司法鉴定中心进行医疗损害鉴定。司法鉴定意见认为，甲医院对被鉴定人刘先生的诊疗行为存在过错，其过错与被鉴定人刘先生的损害后果（死亡）之间存在因果关系，建议医方的过错参与度为同等责任。

一审法院认为，刘先生因精神障碍入住甲医院进行治疗，双方之间形成了医患的权利、义务关系。甲医院在为刘先生治疗时存在过错，造成其死亡的后果，应由甲医院承担赔偿责任，参照司法鉴定意见，酌定甲医院承担50%的赔偿责任，判决甲医院赔偿患方死亡赔偿金、丧葬费及精神损害抚慰金共计18万余元。 患方不服并提起上诉，认为刘先生虽然是农业人口，但已入住甲医院长期治疗三年，应按城镇户口计算赔偿损失。二审法院驳回上诉，维持原判。

问：该案中护士违反了什么规定？可能负何种责任？

参考答案

第三章　医疗纠纷概述

一、医疗纠纷的概念

◆　**知识点提炼**

医疗纠纷　医疗纠纷产生的原因　医疗纠纷的范围

◆　**知识点详解**

医疗纠纷　指患者与医务人员与医疗机构在形成医疗法律关系的基础上，就医疗法律行为的需求、采取的手段、期望的结果及双方权利义务的认识产生分歧，并以损害赔偿为主要救济方式的争议纠纷。

医疗纠纷产生的原因　医疗纠纷通常是由医疗过错或过失引起的。有些时候医方并没有过错或过失，因为患者单方面的不满意也可能会引起纠纷。这类纠纷可能是因为患者缺乏基本的医学知识，对正确的医疗处理、疾病的自然转归和难以避免的并发症及医疗中的意外事件不理解而引起的，也有可能是因为患者对医务人员苛责而引起的。因此，医疗纠纷并不一定等同于医疗侵权或者存在医疗过错。

医疗纠纷的范围　医疗纠纷涉及的争议是多方面的，既包括医疗技术，也包括医疗服务相关的诸多环节，如就医的环境、医护人员的态度、治疗质量、收费等问题。其中，医疗技术引发的争议占较大比例。我们通常说的医疗纠纷多指医疗损害责任纠纷。

◆　**选择题**

1. 无过失医疗纠纷原则上是指　　　　　　　　　　　　　　　　　（　　　）
   A. 医疗事故　　　　　　　　　　B. 医疗差错
   C. 医疗意外　　　　　　　　　　D. 伤口感染
2. 医疗事故鉴定结论效力最大的是　　　　　　　　　　　　　　　（　　　）
   A. 初次鉴定　　　　　　　　　　B. 再次鉴定
   C. 中华医学会鉴定　　　　　　　D. 以上都不对

3. 因医疗行为引起的侵权诉讼，由____举证。　　　　　　　　（　　）

A. 起诉人　　　　　　　　B. 被告人

C. 公诉人　　　　　　　　D. 各自承担

参考答案

二、医疗纠纷的分类

◆ **知识点提炼**

诉讼类别分类 诉讼案由分类 有无医疗过失分类 医学分科分类

◆ **知识点详解**

诉讼类别分类 根据诉讼类别，医疗纠纷可分为民事诉讼中的医疗纠纷、行政诉讼中的医疗纠纷和刑事诉讼中的医疗纠纷。

诉讼案由分类 根据诉讼案由，最高人民法院 2020 年修正的《民事案件案由规定》将涉及医患纠纷的案由分为服务合同纠纷之医疗服务合同纠纷，医疗损害责任纠纷之侵害患者知情同意权责任纠纷和医疗产品责任纠纷，共两类三项。

有无医疗过失分类 根据有无医疗过失，医疗纠纷可分为医疗过失纠纷和非医疗过失纠纷。医疗过失纠纷是指由于医疗机构和医务人员方面的过失引起的医疗纠纷，即医源性医疗纠纷；非医疗过失纠纷是指无医疗过失纠纷（医疗意外、并发症、病情自然转归）和医疗以外原因纠纷（病人不配合、医疗需求的矛盾、无理取闹等），即非医源性医疗纠纷。有的非医疗过失纠纷是由于病人或者其家属缺乏医学常识或对医院的规章制度不熟悉、理解不准确而引起的，也有的纯粹是病人家属无理取闹造成的。

医学分科分类 根据医学分科，医疗纠纷可分为内科医疗纠纷、外科医疗纠纷、妇产科医疗纠纷、儿科医疗纠纷等。

◆ **选择题**

1. 医疗事故补偿与赔偿的主要区别是 （ ）
   A. 存在过错　　　　　　　　B. 数额差别
   C. 责任不同　　　　　　　　D. 损害程度
2. 有过失医疗纠纷原则上是指 （ ）
   A. 医疗事故　　　　　　　　B. 医疗并发症
   C. 医疗意外　　　　　　　　D. 伤口感染
3. 医疗事故引起的医疗赔偿纠纷，诉至法院的，按____处理。 （ ）
   A. 民法典　　　　　　　　　B. 行政法
   C. 条例　　　　　　　　　　D. 赔偿法

◆ **案例题**

1. 2007 年 8 月，患者许某因右中指屈肌腱断裂到当地医院治疗，经诊断为"右中指屈肌腱断裂"并行肌腱吻合术。在麻醉过程中，许某出现上腹痛、胸痛，手术被迫暂停。后行 X 射线检查示右侧气胸，医院未做特殊处理。次日，医院继续行肌腱吻合术，复查胸片示气胸，仍未予特殊处理。术后，患者出现严重气胸，遂以并发症处理不及时将该院告上法院。

当地法院委托市医学会做医疗事故鉴定，而医方未能提供麻醉同意书及麻醉记录单的原始资料。经鉴定分析，结果为：诊断明确，医方麻醉术式选择符合医疗规范；患者右侧气胸系麻醉并发症，医方对气胸发生后的处理欠积极。

问：在医院无法提供原始资料的情况下应当如何处理此纠纷？

参考答案

三、产生医疗纠纷的原因

◆ **知识点提炼**

医疗行为原因　疾病的自然发展原因　医疗风险原因

◆ **知识点详解**

医疗行为原因　无论多么高明的医术，都有可能给病人带来某些损害（副作用），这些损害行为和结果常常是治疗措施的一部分。比如手术过程中对人体的"侵害"，手术后身体留下的疤痕等，这些是为治愈疾病所付出的不可避免的代价，是为了减少或避免更大的损害而产生的，因此，此类"损害"是治疗措施的一部分，不应作为损害后果。但若没有医疗行为，就绝对不会产生医疗纠纷损害后果。

疾病的自然发展原因　疾病发生本身就是一种损害结果，一般情况下，当实施某种治疗手段后，如果没有成效，疾病的自然发展也同样会产生损害后果。多数的治疗措施并不能保证治愈疾病，它仅能延缓某些疾病的发展或是减轻病人的痛苦，因此，某些疾病的恶化乃至死亡是不可避免的，与医疗措施并无因果关系，而是疾病自然发展的结果。

医疗风险原因　医疗行业具有很大的风险，即使医生完全认真地履行义务，也无法保证达到"令人满意的结果"。某一治疗措施对甲很有效，对乙可能不仅无效还有害。同时，没有任何一种药物、任何一种治疗措施针对某种疾病具有百分之百的疗效，因此，疗效常常用"治愈率""有效率"来表示，而"无效率"即成为医生及患者使用该措施或药品所必须面临的风险。但是，产生医疗纠纷的原因与产生医疗损害后果的原因不同，由于医疗纠纷是一种对医疗机构行为认识上的分歧，医疗纠纷产生主要针对的是医疗行为，而分歧是医疗行为是否有过错，产生医疗纠纷的原因也应当是医疗行为的过错和失当，即医疗过错。

◆ **选择题**

1.医患纠纷发生的原因包括　　　　　　　　　　　　　　　　（　　）
  A.社会舆论的缺陷　　　　　　　　　B.医疗部门自身的缺陷
  C.病人家属行为的缺陷　　　　　　　D.病人就医行为的缺陷
  E.医疗纠纷调解行为的缺陷

◆ **案例题**

1. 2020 年，崔某因其眼睛治疗效果未达预期，对就诊医院陶某等诊治医生心生怨恨，伺机报复。崔某持事先准备的菜刀进入医院砍击陶某的后脑部、颈项部，并先后将阻拦其行凶的其他三人砍伤。经鉴定，陶医生身体损伤程度为重伤二级，其他三名被害人身体损伤程度为一人轻伤二级，二人轻微伤。

问：如果你是法官，你认为崔某的行为应当如何处理？

参考答案

第四章　医疗纠纷解决机制

一、协商

◈ **知识点提炼**

协商　医患双方协商的原则

◈ **知识点详解**

协商　又称和解，俗称"私了"，是纠纷或争议的双方当事人本着平等原则，就争执问题进行谈判或对话并达成协议的纠纷解决方式，是《医疗事故处理条例》规定的解决医疗纠纷的三种方式之一。

在协商解决中，纠纷双方无须借助于第三方而达成和解协议，并且协商方式和程序没有严格的规定，这些特点就使协商解决方式具有高度的双方自愿性和极大的灵活性，可有效节约双方的时间和经济成本。

医患双方协商的原则

1. 双方自愿原则

任何一方不能通过强迫、威胁另一方达到目的。

2. 平等公平原则

具体操作中应注意的问题：医方应尽可能如实告知患方所受损害的翔实情况，如果双方对医疗侵权行为的责任程度以及损害后果的伤残等级等事项有争议，可由双方共同委托进行司法鉴定，以鉴定结论为依据，严格依据相关的法律、法规所规定的标准，对需要赔偿的费用进行计算。赔偿数额应合理，不能显失公平，以避免出现患方在协商解决纠纷后还向法院起诉的情形。

3. 合法原则

协商应在法律许可范围之内，不能违法或损害国家和社会的公共利益，不能侵害他人的合法权益。

4. 实事求是原则

建立在一定的事实基础上的协商方案才能保证其合理性和公平性，并且能够很好地被自愿履行。在协商中根据情况引入医疗过失司法鉴定，明确医疗行为是否存在过失，过失与损害后果是否存在因果关系以及参与度，以鉴定意见为依据决定是否赔偿及赔偿数额。

5.强化协议的法律效力

医患双方协商一致达成协议实际上是一种合同行为，签订的协议必须是合法有效的。签订和解协议应严格执行我国合同法的一般规定。为强化和解协议的法律效力，可向人民法院申请确认，人民法院根据双方协议内容制作的调解书，与判决书具有同等效力，任何一方不可反悔，不得提出诉讼请求。

◈ 选择题

1.负责指导、监督医疗机构做好医疗纠纷的预防和处理工作，引导医患双方依法解决医疗纠纷的部门是 （ ）

    A.卫生主管部门　　　　　　　　B.司法行政部门

    C.公安机关　　　　　　　　　　D.财政、民政、保险监督等部门

2.发生医疗事故争议，当事人申请卫生行政部门处理的，由医疗机构所在地的____人民政府卫生行政部门受理。 （ ）

    A.县级　　　　　B.市级　　　　　C.省级　　　　　D.都不对

3.医患双方经协商达成一致的，应当签署 （ ）

    A.书面和解协议　　　　　　　　B.知情同意书

    C.医患沟通书　　　　　　　　　D.承诺书

4.医患双方选择协商解决纠纷的，应当在专门场所协商，不得影响正常医疗秩序。医患双方人数较多的，应当推举代表进行协商，每方代表人数不超过____人。 （ ）

    A.3　　　　　　　B.5　　　　　　　C.7　　　　　　　D.10

参考答案

二、调解

◆ **知识点提炼**

调解　人民调解委员会　医疗纠纷人民调解委员会

◆ **知识点详解**

调解　即调停解决，指在第三方的主持劝说下，纠纷双方当事人自愿协商，排除争端，达成和解，改善关系的一种方式。目前我国对医疗纠纷的调解形式主要有：卫生行政机关的调解、人民调解委员会的调解、与保险公司结合的调处中心的调解、与仲裁相结合的调解、法院的诉前调解。

人民调解委员会　是依法设立的调解民间纠纷的群众性组织，它不但可以根据当事人的申请进行调解，也可以主动介入调解。《中华人民共和国人民调解法》（以下简称《人民调解法》）规定，经人民调解委员会调解达成的调解协议具有法律效力，当事人应当按照约定履行。依据最高人民法院的司法解释，人民调解委员会达成的协议具有合同的性质，双方当事人不得随意变更和解除，而且只要协议符合合同的订立原则，协议就是有效的，人民法院将予以确认。

医疗纠纷人民调解委员会　2010年，司法部、卫生部、保监会联合发布的《关于加强医疗纠纷人民调解工作的意见》对医疗纠纷人民调解工作的意义，医疗纠纷人民调解委员会的性质、组成、受理范围，调解的方法及收费等内容做出了规定。医疗纠纷人民调解委员会是专业性人民调解组织，人民调解正在成为化解医疗纠纷的良策，是促进构建和谐医患关系的一项制度性建设，对于构建多元化解决医疗纠纷的长效机制具有十分重要的作用。

◆ **选择题**

1.发生医疗纠纷，医患双方可以通过哪些途径解决？　　　　　　（　　）
　A.双方自愿协商　　　　　　　　B.申请人民调解
　C.申请行政调解　　　　　　　　D.向人民法院提起诉讼

2.医疗纠纷人民调解员有下列哪些行为的，由医疗纠纷人民调解委员会给予批评教育、责令改正；情节严重的依法予以解聘？　　　　　　（　　）
　A.偏袒一方当事人
　B.泄露医患双方个人隐私等事项
　C.索取、收受财物或者牟取其他不正当利益
　D.侮辱当事人

3.医疗纠纷人民调解委员会调解医疗纠纷时，____收取费用，医疗纠纷人民调解工作所需经费按照国务院财政、司法行政部门的有关规定执行。 （ ）

    A. 不得   B. 可以

◆ 案例题

1.患者张某某不慎从三楼坠落，8时40分由120送至天津市某三级医院急诊部救治。患者入院后意识恍惚、烦躁，双眼肿胀，耳鼻腔溢血。家属陈述患者坠落后右侧胸部及头部着地，感觉头胸腹部疼痛。医方初步诊断为：脑挫裂伤、颅骨骨折、胸部CT示右侧多发肋骨骨折，经脑外科及胸科会诊后，建议暂保守治疗。后转入ICU急救，经术前讨论，考虑患者肝脏破裂，行剖腹探查术。术中发现患者肝右叶破裂，行肝脏部分切除术，患者出手术室后于17时死亡。患方认为：医方抢救不及时，延误治疗，造成患者死亡，要求赔偿170万元。医方承认存在延误治疗的情况，有一定过错。

问：如果你是调解员，你会如何进行调解和分析？

参考答案

三、诉讼与仲裁

◈ **知识点提炼**

诉前调解　诉中调解　仲裁　仲裁调解

◈ **知识点详解**

医疗纠纷民事诉讼是法院在当事人和其他诉讼参与人的参加下，以审理、判决、执行等方式解决医疗民事纠纷的活动。法院对于医疗纠纷的处理方式包括诉前调解、诉中调解和诉讼。

诉前调解　指法院在民事诉讼程序开始之前对双方当事人之间的纠纷进行的调解。诉前调解与诉讼紧密相连，若调解成功，当事人可以请求法院出具民事调解书；若调解不成功，则由法院予以立案进入诉讼程序进行解决。

诉中调解　指在人民法院审判人员的主持下，双方当事人通过自愿协商达成协议，解决民事争议的活动和结案方式。诉中调解具有调解的自愿性、调解目的的和解性、调解过程的协商性、调解内容的开放性、调解中信息的保密性、调解程序的简易性和处理的高效性、调解结果的灵活性和多样性等特点。

仲裁　根据有关规定或者当事人在自愿基础上达成协议，将纠纷提交仲裁机构，由仲裁机构以第三方身份对双方发生的争议，在事实上做出判断，在权利义务上做出对双方均有约束力的裁决的一种解决纠纷的制度和方式。

仲裁调解　有两种情形，一种是当事人直接向仲裁委员会提出调解申请，另一种是在仲裁庭裁决前的调解。

医疗纠纷仲裁指医疗纠纷的双方当事人在纠纷发生前或者纠纷处理过程中经协商自愿达成协议，同意将纠纷提交仲裁机构裁决，由仲裁机构做出对双方当事人均有约束力的裁决的纠纷解决方式。因为仲裁具有自愿性、专业性、保密性、快捷性、终局性等特点，既能保证公正，又能保护当事人的隐私，所以能够满足当事人的要求，也利于营造良好的医患关系。（但《医疗事故处理条例》第四十六条"发生医疗事故的赔偿等民事责任争议，医患双方可以协商解决；不愿意协商或者协商不成的，当事人可以向卫生行政部门提出调解申请，也可以直接向人民法院提起民事诉讼"以及《医疗纠纷预防和处理条例》第二十二条"发生医疗纠纷，医患双方可以通过下列途径解决：（一）双方自愿协商；（二）申请人民调解；（三）申请行政调解；（四）向人民法院提起诉讼；（五）法律、法规规定的其他途径"均未表明可以通过仲裁处理，司法实践过程中也较少运用。）

◆ 选择题

1. 需要检验的，应当由____委托依法具有检验资格的检验机构进行检验。双方无法共同委托的，由医疗机构所在地县级人民政府卫生主管部门指定。（　　）

　　A. 患方　　　　　　B. 医方　　　　　　C. 法院

　　D. 医学会　　　　　E. 医患双方

2. 患者有权查阅、复制国务院卫生主管部门规定的____及其他属于病历的全部资料。（　　）

　　A. 客观病历　　　　　　　　　　　B. 死亡病历讨论记录

　　C. 疑难病历讨论记录　　　　　　　D. 会诊意见

3. 处理医疗纠纷，应当遵循____的原则，实事求是，依法处理。（　　）

　　A. 公平　　　　B. 公正　　　　C. 及时　　　　D. 准确

◆ 案例题

1. 2011年10月，浙江省的张某因抑郁症到医院精神卫生科门诊，按诊断结果及处方服药，后出现重症多形红斑、丘疹等情况，张某认为系医院诊疗不当造成，双方形成纠纷。后双方在当地医疗纠纷人民调解委员会的调解下签订《人民调解协议书》，自愿达成协议，约定医院向张某赔偿95000元，双方签订并履行调解协议后此医疗纠纷到此终结，双方不得以任何理由任何方式提出任何异议或主张。院方于签订协议后5个工作日内一次性支付了赔偿款项。后张某主张其调解时误以为重症多形红斑可以治愈，不需要长期治疗，才签订了该协议，存在重大误解，将医院告上法庭。

问：经过调解达成协议后原被告双方还可以起诉吗？原告主张能否获得支持？

参考答案

四、医疗责任保险

◆ **知识点提炼**

医疗责任保险　医疗责任保险的优点

◆ **知识点详解**

医疗责任保险　是指医疗机构与保险公司双方合作开展的医疗执业责任保险业务，由医疗机构作为投保人，保险公司负责赔偿医疗机构及其医务人员在诊疗护理工作中因过失造成患者人身伤亡或健康损害而应承担的经济赔偿责任，是一种分担医疗机构执业过程中因医疗过失而赔偿的风险的社会分担机制。

医疗责任保险的优点　首先，医疗责任保险将纠纷从医院内转出，一旦发生纠纷，保险公司直接派调解中心的工作人员参与调解，将处理纠纷现场从医院转出，维护了医院正常的医疗秩序，患者也能更加理性地对待纠纷，依法及时解决。其次，医疗责任保险有利于对患者进行及时的经济补偿，尽快地补偿患者及其家属的经济损失，有利于化解矛盾。再次，医疗责任保险有利于医疗机构防范职业风险，将集中于一个医院的赔偿责任分散于社会，降低了医疗机构的赔偿压力，在分担医院风险方面作用明显。最后，医疗责任保险有利于规范医院的执业行为，因为多次违规的医生将面临支付高额的保险费，同时保险公司为降低赔付，将严格监督医生的医疗行为，减少医疗事故的发生率，这让新技术、新业务更规范，医院可能面临的医疗风险也得到了分担。

◆ **选择题**

1. 根据医疗责任险保险条款，保险责任范围内的事故发生后，事先经保险人书面同意的法律费用，包括事故鉴定费、查勘费、____等，保险人在约定的范围内也负责赔偿。　　　　　　　　　　　　　　　　　　　　　　　　（　　）

　　A. 取证费　　　　　　　　　　　　B. 仲裁或诉讼费

　　C. 案件受理费　　　　　　　　　　D. 律师费

2. 医疗社会保险的筹资来源不包括　　　　　　　　　　　　　　　（　　）

　　A. 国家　　　　　B. 企业　　　　　C. 个人　　　　　D. 社会

3. 医疗保险的性质包括　　　　　　　　　　　　　　　　　　　　　（　　）

　　A. 福利性　　　　B. 经济性　　　　C. 公益性

　　D. 普遍性　　　　E. 复杂性

4. 医疗保险的原则包括 （　　）
  A. 社会共同承担责任   B. 风险共担
  C. 平等享受健康权   D. 医疗保险基金效用最大化
  E. 与经济水平同步化
5. 医疗社会保险的给付服务内容包括 （　　）
  A. 医疗服务   B. 药品   C. 牙科保健
  D. 精神卫生   E. 预防保健

◈ 案例题

1. 太原市某村医王某接诊一位全身出疹的 8 岁患儿，初步诊断其为水痘（或湿疹），随即给患儿采取了左右臀部分别注射抗过敏抗病毒药的治疗，每日一次，持续一周。之后，患儿出现臀部肿胀、疼痛，且症状日渐加重，村医王某又给予其热敷、外敷用药，静滴"青霉素"一周，但效果不佳。此后，患儿在省儿童医院被诊断为左臀部蜂窝组织炎，随后又相继在两大医院进行治疗，最终康复痊愈。这起医疗事故发生后，村医王某积极与患者家属沟通，取得了患者家属的谅解，经区卫生局和乡卫生院协商，最终由村医王某一次性给予患儿 28986.89 元的经济赔偿。

经保险公司认定，此次事故是村医王某的诊疗过失所致。王某付给患者的 28986.89 元赔偿金，扣除免赔 1000 元和非保险理赔 400 余元后，其余费用均属于医疗责任保险范围。经过 15 个工作日的理赔审核，27537.55 元的参保赔偿金目前已足额打入村医王某的个人账户。

问：医疗责任保险的赔偿方式是什么？

2. 张某于 2012 年因身患特殊疾病被某市民政局批准给予边缘重病困难对象救助，其个人所需药品费用的 85% 由某市医疗保障局在社保医疗保险基金中支付，且上不封顶。某市医疗保障局员工按照惯例在对参保人员的医保使用情况进行年度核查时，发现张某当年度支出异常，明显超出其正常使用范围。经调查，2017 年 10 月 1 日至 2018 年 5 月 31 日期间，张某虚构自己药物服用的需要，在某市各社保定点医院臀开具大量超过其本人服药量的贺普丁、波立维、普米克令舒等 14 种药物用于转卖获利，骗取某市医疗保障局医疗保险基金 17 万余元。案发后，张某主动向公安机关投案并如实供述了上述犯罪事实，认罪认罚。

问：请用一句话简述张某的行为过错之处。如果你是法官应当如何裁判？

参考答案

第二篇

CHAPTER 2

医疗损害行为与责任认定

第一章　医疗事故概述

一、医疗事故的概念、分类

◆ **知识点提炼**

医疗事故　医疗事故分类

◆ **知识点详解**

医疗事故　根据国务院《医疗事故处理条例》的定义，医疗事故是指医疗机构及其医务人员在医疗活动中，违反医疗卫生管理法律、行政法规、部门规章和诊疗护理规范、常规，过失造成患者人身损害的事故。医疗机构发生医疗事故，行政机关可以据此要求其承担行政责任。医疗事故与医疗损害是一对关系密切的概念，二者的关系将在医疗损害部分予以介绍。

医疗事故分类　《医疗事故处理办法》[①]将医疗事故分为责任事故和技术事故两类。责任事故是指医务人员因违反规章制度、诊疗护理常规等失职行为所致的事故。技术事故是指医务人员因技术过失所致的事故。

◆ **选择题**

1. 医疗事故是指医疗机构及其医务人员在医疗活动中，违反医疗卫生管理法律、行政法规、部门规章和诊疗护理规范、常规，＿＿＿造成患者人身损害的事故。（　　　）

   A. 过错　　　　　　B. 无过错　　　　　C. 过失　　　　　　D. 故意

2. 医疗事故可以分为　　　　　　　　　　　　　　　　　　　　（　　　）

   A. 技术事故　　　　　　　　　　　　B. 责任事故

   C. 人身损害事故　　　　　　　　　　D. 过失事故

---

① 　编者注：2002年9月1日《医疗事故处理条例》施行后，《医疗事故处理办法》同时废止，《医疗事故处理条例》没有再对医疗事故进行分类。《医疗事故处理办法》的分类可供参考。

◆ **案例题**

1.张某因感冒、咳嗽和肢体轻度浮肿到某医院住院治疗，经初步诊断为上呼吸道感染，决定给其进行抗感染消炎和输液治疗。在输液过程中，张某感觉胸闷、气短和呼吸困难，遂催叫医生进行救治，医生即给予吸氧、静推处理，而患者症状无缓解迹象。随后张某出现心脏骤停，瞳孔散大，医院遂组织医生进行心外按压、心脏除颤等措施抢救，而患者的心跳、呼吸未能恢复。最终，张某抢救无效临床死亡。后经鉴定机构出具的《鉴定报告》显示，张某病历中的长期医嘱单、临时医嘱表、出入量记录单、危重病人护理记录单等11处系改写或涂改形成；化验单签名存在冒名签字的情况；病历中的改写或涂改处涉及张某诊疗过程中的用药时间、用药剂量、护理及症状等方面。

问：某医院哪些行为违反了医疗卫生管理法律、行政法规、部门规章和诊疗护理规范、常规？

参考答案

二、医疗事故的级别

◆ **知识点提炼**

医疗事故等级及具体分级　医疗事故赔偿项目及计算方法

◆ **知识点详解**

医疗事故等级及具体分级　根据对患者人身造成的损害程度，医疗事故分为四级，见表2-1-1。

表2-1-1　医疗事故级别及描述

级别	级别描述
一级医疗事故	造成患者死亡、重度残疾
二级医疗事故	造成患者中度残疾、器官组织损伤导致严重功能障碍
三级医疗事故	造成患者轻度残疾、器官组织损伤导致一般功能障碍
四级医疗事故	造成患者明显人身损害的其他后果

在四级的分类下，每一级又有具体分级，具体可见表2-1-2[①]。

表2-1-2　医疗事故分级细化

级别	具体细化等级	分类标准
一级医疗事故	一级甲等	死亡
	一级乙等	重要器官缺失或功能完全丧失，其他器官不能代偿，存在特殊医疗依赖，生活完全不能自理
二级医疗事故	二级甲等	器官缺失或功能完全丧失，其他器官不能代偿，可能存在特殊医疗依赖，或生活大部分不能自理
	二级乙等	存在器官缺失、严重缺损、严重畸形情形之一，有严重功能障碍，可能存在特殊医疗依赖，或生活大部分不能自理
	二级丙等	存在器官缺失、严重缺损、明显畸形情形之一，有严重功能障碍，可能存在特殊医疗依赖，或生活部分不能自理
	二级丁等	存在器官缺失、大部分缺损、畸形情形之一，有严重功能障碍，可能存在一般医疗依赖，生活能自理
三级医疗事故	三级甲等	存在器官缺失、大部分缺损、畸形情形之一，有较重功能障碍，可能存在一般医疗依赖，生活能自理
	三级乙等	器官大部分缺损或畸形，有中度功能障碍，可能存在一般医疗依赖，生活能自理
	三级丙等	器官大部分缺损或畸形，有轻度功能障碍，可能存在一般医疗依赖，生活能自理

---

① 具体每一细分等级的情形可查阅《医疗事故分级标准（试行）》。

续表

级别	具体细化等级	分类标准
	三级丁等	器官部分缺损或畸形，有轻度功能障碍，无医疗依赖，生活能自理
	三级戊等	器官部分缺损或畸形，有轻微功能障碍，无医疗依赖，生活能自理
四级医疗事故	造成患者明显人身损害的其他后果	系指造成患者明显人身损害的其他后果的医疗事故

医疗事故赔偿项目及计算方法　《医疗事故处理条例》第四十八条至五十一条规定了医疗事故的赔偿项目及计算依据，最高人民法院在 2003 年 1 月 6 日发布了《最高人民法院关于参照〈医疗事故处理条例〉审理医疗纠纷民事案件的通知》，该通知就人民法院审理因医疗事故引起的医疗赔偿纠纷民事案件，确定医疗事故赔偿责任参照《医疗事故处理条例》第四十九至五十二条的规定办理，但 2013 年 2 月 26 日，最高人民法院以该通知"与侵权责任法等法律规定相冲突"为由决定予以废止。

◆　**选择题**

1. 医疗事故被划分为几个等级？　　　　　　　　　　　　　　　　（　　）

　　A. 四级十二等　　　　　　　　　　B. 四级十等

　　C. 三级十等　　　　　　　　　　　D. 五级十二等

2. 以下属于二级医疗事故的是　　　　　　　　　　　　　　　　（　　）

　　A. 四肢瘫，肌力 0 级，临床判定不能恢复

　　B. 一拇指末节 1/2 缺损

　　C. 发声及言语困难

　　D. 难治性癫痫

◆　**案例题**

1. 2012 年，A 先生母亲 B 女士无明显诱因出现反复腰痛，伴双下肢痹痛，经多家医院检查，证实其患有"腰椎间盘突出、腰椎管狭窄症、腰椎失稳"。B 女士多年来采取保守疗法诊治，但因病情不断加重导致行动不便，于是到 D 医院就诊。D 医院门诊医生 C 诊断认为，只有手术才能根治此症。经一系列检查处理后，医生 C 定于 4 月 1 日上午施行"全椎板椎管探查＋减压＋髓核摘除＋USS 内固定＋植异体骨融合术"。但在手术后三个多小时，李女士心脏骤停，经抢救无效死亡。后 A 先生与父亲共同将 D 医院起诉至法院，D 医院随后提出医疗事故鉴定申请。某城市医学会出具鉴定书，认为不属医疗事故。A 先生与父亲要求重新鉴定，法院又委托某省医学会重新鉴定，结论认为，此病例属一级甲等医疗事故，医方负主要责任。A 先生与父亲起诉要求 D 医院支付赔偿款 43 万余元，其中包括丧葬费 14000 余元、死亡赔偿金 32 万余元、精神损害抚慰金 96000 余元，并请求追究医生的医疗事故刑事责

任。法院认为，虽然两次鉴定结论相反，但应以最后的鉴定为依据，省医学会鉴定结论证明效力大于医院所在城市医学会的鉴定结论。

　　问：申请医疗事故鉴定的流程是什么？如果对鉴定结果不服怎么处理？

参考答案

三、构成医疗事故的条件

◈ **知识点提炼**

医疗机构及其医务人员　诊疗护理过失　损害结果　因果关系　医疗事故技术鉴定　参与度　医学会

◈ **知识点详解**

医疗机构及其医务人员　医疗事故的行为主体是特定的，必须是医疗机构以及经考核和卫生行政机关批准或承认，取得相应资质的各级各类卫生技术人员。根据《医疗机构管理条例》，医疗机构包括从事疾病诊断、治疗活动的医院、卫生院、疗养院、门诊部、诊所、卫生所（室）以及急救站等。对于不具有行医资格的人，在行医时造成患者人身损害的，构成非法行医的行为，不属于医疗事故。

诊疗护理过失　包括疏忽大意的过失和过于自信的过失。疏忽大意的过失是指行为人应当预见和可以预见到自己的行为可能造成患者的危害结果，因为疏忽大意没有预见，致使损害发生。过于自信的过失是指行为人预见到了自己的行为可能给患者导致损害后果，但轻信自己的技术、经验，在判断和行为上产生失误，导致损害结果的产生。

损害结果　医疗事故责任的人身损害结果应当是直接造成病员死亡、残废、组织器官损伤导致功能性障碍或者造成患者明显人身损害的后果。

因果关系　即医疗行为与损害结果之间存在直接的因果关系。

医疗事故技术鉴定　卫生行政部门接到医疗机构关于重大医疗过失行为的报告或者医疗事故争议当事人要求处理医疗事故争议的申请后，对需要进行医疗事故技术鉴定的，应当交由负责医疗事故技术鉴定工作的医学会组织鉴定；医患双方协商解决医疗事故争议，需要进行医疗事故技术鉴定的，由双方当事人共同委托负责医疗事故技术鉴定工作的医学会组织鉴定。因此，医疗事故的鉴定主体是医学会。

医疗事故的技术鉴定书内容包括：（一）双方当事人的基本情况及要求；（二）当事人提交的材料和负责组织医疗事故技术鉴定工作的医学会的调查材料；（三）对鉴定过程的说明；（四）医疗行为是否违反医疗卫生管理法律，行政法规，部门规章和诊疗护理规范、常规；（五）医疗过失行为与人身损害后果之间是否存在因果关系；（六）医疗过失行为在医疗事故损害后果中的责任程度；（七）医疗事故等级；（八）对医疗事故患者的医疗护理医学建议。

参与度　医疗损害行为与患者自身原因共同作用的情况下，出现了客观的损害事实，如暂时性或永久性机体结构破坏或者功能障碍、死亡等情况，医疗损害行为在其中的介入程度、原因力的大小，一般用百分比表示。

医学会 医学会是《医疗事故处理条例》规定的鉴定医疗事故的机构，其中设区的市级地方医学会和省、自治区、直辖市直接管辖的县（市）地方医学会负责首次医疗事故技术鉴定；省、自治区、直辖市地方医学会负责再次医疗事故技术鉴定；中华医学会可以组织疑难、复杂并在全国有重大影响的医疗事故争议的技术鉴定工作。

选择题

1. 有关医疗事故的鉴定，下列说法错误的有 （　　）
   A. 医疗事故技术鉴定应当向医学会提出
   B. 当事人对首次医疗事故技术鉴定结论不服的，可以自收到首次鉴定结论之日起 15 日内向医疗机构所在地卫生行政部门提出再次鉴定的申请
   C. 当事人应当自收到医学会的通知之日起 15 日内提交有关医疗事故技术鉴定的材料、书面陈述及答辩
   D. 经鉴定，属于医疗事故的，鉴定费用由医疗机构支付；不属于医疗事故的，鉴定费用由提出医疗事故处理申请的一方支付

2. 医疗事故鉴定包括哪些内容？ （　　）
   A. 当事人提交的材料和负责组织医疗事故技术鉴定工作的医学会的调查材料
   B. 医疗事故等级
   C. 医疗过失行为与人身损害后果之间是否存在因果关系
   D. 医疗行为是否违反医疗卫生管理法律、行政法规、部门规章和诊疗护理规范、常规

3. 以下关于医学会的说法错误的是 （　　）
   A. 设区的市级地方医学会和省、自治区、直辖市直接管辖的县（市）地方医学会负责首次医疗事故技术鉴定
   B. 省、自治区、直辖市地方医学会负责再次医疗事故技术鉴定
   C. 医学会是营利性医学社会组织
   D. 中华医学会可以组织疑难、复杂并在全国有重大影响的医疗事故争议的技术鉴定工作

案例题

1. 陈某为治疗轻微脑梗到 A 卫生室就医，任某为陈某输液治疗。共有两组输液，第一组输液剩余五分之一时，陈某开始发冷打哆嗦，任某停止输液，未做其他处置。过半小时后，任某询问陈某冷暖程度后，继续为陈某输液。第二组药物换上 2 分钟后陈某突然抽搐，任某将输液针拔出，为陈某针灸治疗，但陈某醒来后即口吐白沫，昏迷过去。陈某家属遂将其送至 B 医院住院治疗，经诊断为急性脑梗、癫痫病持续状态、脑梗后遗症期、高血压病 2 级（极高危）、肺内感染。度过危险期后，出院诊断为脑梗死、高血压 3 级（极高危）。

经陈某申请，法院依法委托 C 司法鉴定所对 A 卫生室医疗行为是否存在过错进行司法鉴定。鉴定所出具鉴定意见书，鉴定意见为 A 卫生室存在陈某发生输液反应后没有测量体温、停止输液后又继续输液的医疗过错。文献表明，输液反应可以诱发脑梗。经伤残等级及护理依赖程度司法鉴定，鉴定意见为陈某四肢瘫，评定为一级伤残，护理依赖程度为完全性护理依赖程度。任某、A 卫生室申请进行医疗事故鉴定，因陈某不认可 A 卫生室出具的门诊病志，D 医学会鉴定所不予受理。经任某、A 卫生室申请，法院依法委托司法鉴定中心对任某、A 卫生室的医疗行为与陈某的损害后果间是否具有因果关系及因果关系程度进行鉴定。司法鉴定所出具书面意见，认为陈某的损害后果与被告的医疗行为之间存在因果关系（诱因），医疗行为的责任程度为 20%~30%。

问：（1）任某是否属于医务人员？

（2）鉴定机构的鉴定意见能否作为最终责任认定的依据？

参考答案

四、哪些情形不属于医疗事故

◈ **知识点提炼**

不属于医疗事故的情形

◈ **知识点详解**

不属于医疗事故的情形　根据《医疗事故处理条例》第三十三条的规定，有下列情形之一的，不属于医疗事故：

（一）在紧急情况下为抢救垂危患者生命而采取紧急医学措施造成不良后果的；

（二）在医疗活动中由于患者病情异常或者患者体质特殊而发生医疗意外的；

（三）在现有医学科学技术条件下，发生无法预料或者不能防范的不良后果的；

（四）无过错输血感染造成不良后果的；

（五）因患方原因延误诊疗导致不良后果的；

（六）因不可抗力造成不良后果的。

◈ **选择题**

1. 下列哪种情形不属于医疗事故？　　　　　　　　　　　　　　（　　）

　A. 在现有医学科学技术条件下，发生无法预料或者不能防范的不良后果

　B. 因不可抗力造成不良后果

　C. 因过错输血感染造成不良后果

　D. 在医疗活动中由于患者病情异常或者患者体质特殊而发生医疗意外

2. 以下属于医疗事故的是　　　　　　　　　　　　　　　　　　（　　）

　A. 无过错输血感染造成不良后果

　B. 在医疗活动中由于患者病情异常或者患者体质特殊而发生医疗意外

　C. 紧急情况下为抢救垂危患者生命而采取紧急医学措施造成不良后果

　D. 药物不良反应导致中度智能障碍

参考答案

五、医疗事故罪

◈ **知识点提炼**

医疗事故罪　严重不负责任　严重损害就诊人身体健康　非法行医罪

◈ **知识点详解**

医疗事故罪　《中华人民共和国刑法》（以下简称《刑法》）第三百三十五条对于医疗事故罪做了规定：医务人员由于严重不负责任，造成就诊人死亡或者严重损害就诊人身体健康的，处三年以下有期徒刑或者拘役。从医疗事故的犯罪构成要件分析，本罪所侵犯的客体是国家对医疗工作的管理活动和就诊人的生命权和健康权。本罪表现为医务人员由于严重不负责任，造成就诊人死亡或者严重损害就诊人身体健康。本罪的客观方面所表现的行为内容为医务人员存在不负责任的行为，如果是正常履行业务，则不构成本罪。从严重不负责任的情形来看，其可以是作为的方式，也可以是不作为的方式。仅仅因为医疗技术水平、医疗经验、医疗设备等原因导致本罪结果的，或者没有违背规章制度和医疗常规的，或者因为发生不可抗拒、不能预见的事件的，均不负责任。医疗事故罪是结果犯，即只有在造成就诊人死亡或者严重损害就诊人身体健康时才可能构成医疗事故罪，这是医疗事故的结果要件。本罪所指的是责任事故，并且是责任事故中造成严重结果的行为，即造成就诊人死亡和健康严重损害。医疗事故罪发生在诊疗护理过程中，即医务人员履行业务过程中，但结果发生可以是在诊疗护理结束之后。从医疗事故罪的行为主体来看，属于特殊主体，即医务人员，医务人员是指依法取得"医疗机构执业许可证"的诊疗护理人员，包括医生、护士、药剂人员等。

最后，本罪的主观方面表现为过失，且应是对本罪结果的过失。在认定医疗事故罪时，应注意区分其与一般的医疗责任事故、技术事故以及意外事件。关键在于行为必须具有违法性：行为人对医疗规章制度以及诊疗护理常规的违反且行为必须导致了严重的后果，即造成了就诊人死亡或者严重损害就诊人身体健康的结果。如果没有发生法定的损害事实，则只能认定为一般的医疗事故。

严重不负责任　根据《最高人民检察院、公安部关于公安机关管辖的刑事案件立案追诉标准的规定（一）》第五十六条第二款，严重不负责任是指具有以下情形之一的：（一）擅离职守的；（二）无正当理由拒绝对危急就诊人实行必要的医疗救治的；（三）未经批准擅自开展试验性医疗的；（四）严重违反查对、复核制度的；（五）使用未经批准使用的药品、消毒药剂、医疗器械的；（六）严重违反国家法律法规及有明确规定的诊疗技术规范、常规的；（七）其他严重不负责任的情形。

严重损害就诊人身体健康　根据《最高人民检察院、公安部关于公安机关管辖的刑事案件立案追诉标准的规定（一）》第五十六条第三款，严重损害就诊人身体健康是指造成就诊人严重残疾、重伤、感染艾滋病、病毒性肝炎等难以治愈的疾病，或者其他严重损害就诊人身体健康的后果。

非法行医罪　《刑法》第三百六十六条规定了非法行医罪，即未取得医生执业资格的人非法行医，情节严重的，处三年以下有期徒刑、拘役或者管制，并处或者单处罚金；严重损害就诊人身体健康的，处三年以上十年以下有期徒刑，并处罚金；造成就诊人死亡的，处十年以上有期徒刑，并处罚金。医疗事故罪和非法行医罪的区别在于犯罪的实施主体不同，医疗事故罪的行为主体是医务人员，非法行医罪的行为主体是未取得医生执业资格的人。非法行医罪侵犯的客体是国家对医疗机构的管理秩序。《医疗机构管理条例》对于医疗机构和执业人员的职责、开业条件及审批程序、法律责任进行了明确的规定和限制，通过管理秩序的明确以保障人民身体健康，非法行医则直接违反了前述规定。

◆　**选择题**

1. 医疗事故罪中严重不负责任的表现为　　　　　　　　　　（　　　）
　A. 未经批准擅自开展试验性医疗
　B. 使用未经批准使用的药品、消毒药剂、医疗器械
　C. 无正当理由拒绝对危急就诊人实行必要的医疗救治
　D. 擅离职守

◆　**案例题**

1. 李某仅有执业助理医师资格，2011年12月以来，超出注册的执业地点，在没有执业医师指导的情况下独立从事医疗活动。2015年12月3日被害人王某（殁年29岁）因腹痛伴恶心、呕吐来到李某诊所看病，李某诊断其患胆囊炎，连续两天在诊所对王某进行静脉输液治疗。12月5日上午李某到王某家中为其进行静脉输液治疗。当日下午家人发现王某发热，遂打电话给李某，李某再次对王某进行静脉输液治疗，在王某出现输液异常反应后，未观察其病情变化，履行监视等义务，擅自离开现场。当日17时许，王某出现大汗、诉"心里难受"等不适，家人随即呼叫120急救，同日20时许王某经十堰市人民医院抢救无效死亡。2016年1月5日，经湖北医药学院法医司法鉴定所鉴定，王某系在输液过程中冠心病急性发作致呼吸、循环衰竭而猝死。

　问：（1）李某是否属于医疗事故罪的犯罪主体？

　　　（2）如果李某构成犯罪，请问李某构成的是医疗事故罪还是非法行医罪？

参考答案

第二章 医疗损害责任的构成要件

一、医疗机构和医务人员的诊疗行为

◆ **知识点提炼**

诊疗行为　医疗机构　医务人员

◆ **知识点详解**

诊疗行为　《民法典》侵权责任编将其表述为"诊疗活动"。依据《医疗机构管理条例实施细则》规定，诊疗活动是指通过各种检查，使用药物、器械及手术等方法，对疾病作出判断和消除疾病、缓解病情、减轻痛苦、改善功能、延长生命、帮助患者恢复健康的活动。

医疗机构　《医疗机构管理条例实施细则》规定，医疗机构是经登记取得《医疗机构执业许可证》的机构。具体类别包括：（一）综合医院、中医医院、中西医结合医院、民族医医院、专科医院、康复医院；（二）妇幼保健院、妇幼保健计划生育服务中心；（三）社区卫生服务中心、社区卫生服务站；（四）中心卫生院、乡（镇）卫生院、街道卫生院；（五）疗养院；（六）综合门诊部、专科门诊部、中医门诊部、中西医结合门诊部、民族医门诊部；（七）诊所、中医诊所、民族医诊所、卫生所、医务室、卫生保健所、卫生站；（八）村卫生室（所）；（九）急救中心、急救站；（十）临床检验中心；（十一）专科疾病防治院、专科疾病防治所、专科疾病防治站；（十二）护理院、护理站；（十三）医学检验实验室、病理诊断中心、医学影像诊断中心、血液透析中心、安宁疗护中心；（十四）其他诊疗机构。

医务人员　医务人员分为四类，分别是：（一）医师，依法取得执业医师资格或者执业助理医师资格，经注册在医疗、预防、保健机构中执业的专业医务人员；（二）药剂人员，医疗机构审核和调配处方的药剂人员必须是依法经资格认定的药学技术人员；（三）护士，是指经执业注册取得护士执业证书，依照《护士条例》规定从事护理活动，履行保护生命、减轻痛苦、增进健康职责的卫生技术人员；（四）技术人员，包括从事检验、理疗、病理、口腔、同位素、营养等技术工作的人员。

◆ 选择题

1. 下列不属于医疗机构的是　　　　　　　　　　　　　　　　（　　）

　A. 急救中心、急救站　　　　　B. 医院

　C. 美容中心　　　　　　　　　D. 社区卫生服务中心

参考答案

二、患者的损害

◆ **知识点提炼**

损害的特征　诊疗行为造成患者损害

◆ **知识点详解**

损害的特征　损害是侵害合法民事权益所产生的对受害人人身或者财产不利的后果。这种损害后果在法律上具有救济的必要与救济的可能。损害后果应当具有客观真实性和确定性。

诊疗行为造成患者损害　主要是指因侵害患者生命权、健康权、身体权而造成的财产损害以及精神损害。

医疗事故与伤残等级存在一定对应的关系，见表2-2-1。

表2-2-1　医疗事故等级与伤残等级对应表

医疗事故等级	伤残等级	伤残赔偿系数
一级乙等	一级	100%
二级甲等	二级	90%
二级乙等	三级	80%
二级丙等	四级	70%
二级丁等	五级	60%
三级甲等	六级	50%
三级乙等	七级	40%
三级丙等	八级	30%
三级丁等	九级	20%
三级戊等	十级	10%

◆ **案例题**

1.患者戴某，70岁，因头疼、头晕入住某医院，因医院没有CT、MRI而未能明确诊断其所患的"硬膜外血肿"，经转院后及时手术治疗痊愈出院。数月后戴某因头疼、记忆力差而起诉医院，要求赔偿10万元。

问：戴某的诉讼请求能否获得支持？

参考答案

三、诊疗行为与损害后果之间的因果关系

◈ **知识点提炼**

因果关系　医疗损害赔偿责任存在的因果关系　多因一果　原因力大小

◈ **知识点详解**

因果关系　是指加害行为与损害事实之间的引起与被引起的关系。

医疗损害赔偿责任存在的因果关系　是指所实施的医疗行为与医疗损害之间引起与被引起的关系：医疗行为是医疗损害结果发生的原因，医疗损害是医疗行为所产生的后果。

多因一果　是指原因为复数，结果为单数，原因为多个加害行为，结果为受害人单一的损害后果。

原因力大小　是指在引起统一损害结果的数个原因中，每一个原因对于该损害结果发生或扩大所发挥的作用力。

◈ **案例题**

1. 李某因怀孕于 2006 年上半年多次到某市妇幼保健院进行检查，由于某市妇幼保健院医生未能发现并告知李某胎儿多个器官发育缺陷，李某认为某市妇幼保健院医生工作粗心大意、不负责任，检查完全流于形式，丧失了选择优生优育的权利，不仅造成婴儿终身痛苦，还给其家庭带来沉重的精神和经济负担。

法院认为：首先，依据社会一般人的判断标准，发现胎儿严重畸形，孕妇将会选择终止妊娠，但对于本案所涉胎儿存在左肾缺如与孕妇作出终止妊娠的决定之间并无必然性。原卫生部印发的《超声产前诊断技术规范》也说明左肾缺如不属于超声产前诊断应诊断的严重畸形。孕妇是否终止妊娠受很多因素影响，即使医疗机构告知胎儿存在左肾缺如的缺陷，孕妇也未必就终止妊娠。其次，某市妇幼保健院的过错在于未发现胎儿的左肾缺如，对于胎儿的先天性心脏病和脊柱侧弯畸形，其产前检查未予发现并不存在过错。某市妇幼保健院通过签署知情同意书的方式已对超声检查存在局限性进行了告知，且诊断报告单亦载明"超声提示：建议复查"。故李某对前述损害后果亦存在一定的过失。综上，某市妇幼保健院在产前检查中未能发现胎儿左肾缺如的过错行为，与患者患先天性心脏病和脊柱侧弯畸形所致李某可能增加的额外治疗费用之间虽然存在客观上的因果联系，但不具备法律上所规定的医疗损害责任纠纷中诊疗行为与损害后果之间的因果关系。

问：请分析评价法院的说理内容。

2.某甲误伤某乙，随即将某乙送进医院治疗，但医院疏于医护导致某乙伤口感染化脓并造成严重的后遗症。

问：某乙的损害后果由谁所致？可向谁主张？原因力大小如何认定？

参考答案

四、医疗机构或医务人员的过错

◆ **知识点提炼**

过错责任　过错推定责任　无过错责任　责任主体

◆ **知识点详解**

《民法典》的侵权责任编规定了以下三种过错责任。

过错责任[①]　行为人因过错侵害他人民事权益造成损害的，应当承担侵权责任。

《民法典》第一千二百一十八条　【医疗损害责任归责原则和责任承担主体】患者在诊疗活动中受到损害，医疗机构或者其医务人员有过错的，由医疗机构承担赔偿责任。

过错推定责任[②]　依照法律规定推定行为人有过错，其不能证明自己没有过错的，应当承担侵权责任。

《民法典》第一千二百二十二条　【推定医疗机构有过错的情形】患者在诊疗活动中受到损害，有下列情形之一的，推定医疗机构有过错。

（一）违反法律、行政法规、规章以及其他有关诊疗规范的规定；

（二）隐匿或者拒绝提供与纠纷有关的病历资料；

（三）遗失、伪造、篡改或者违法销毁病历资料。

无过错责任[③]　行为人造成他人民事权益损害，不论行为人有无过错，法律规定应当承担侵权责任的，应当承担侵权责任。

《民法典》第一千二百二十三条　【药品、消毒产品、医疗器械的缺陷，或者输入不合格血液的侵权责任】因药品、消毒产品、医疗器械的缺陷，或者输入不合格的血液造成患者损害的，患者可以向药品上市许可持有人、生产者、血液提供机构请求赔偿，也可以向医疗机构请求赔偿。患者向医疗机构请求赔偿的，医疗机构赔偿后，有权向负有责任的药品上市许可持有人、生产者、血液提供机构追偿。

在此类案件中，药品、消毒产品、医疗器械存在缺陷，或者输入不合格的血液造成患者损害的，只要患者向医疗机构请求赔偿，医疗机构就应承担赔偿责任，并不以是否存在过错为前提。如果医疗机构没有过错并已尽到应尽的注意义务，在向

---

① 《民法典》第一千一百六十五条第一款规定，该条规定可以直接作为请求权基础。

② 《民法典》第一千一百六十五条第二款规定。

③ 《民法典》第一千一百六十六条规定，该条规定和《民法典》第一千一百六十五条第二款规定不能直接用作请求权基础，因为这些规定都必须依据"法律规定"，在适用的时候，以对应的具体法律规定作为请求权基础。

患者承担赔偿责任后可向有责任的药品上市许可持有人、生产者、血液提供机构追偿。

责任主体 《民法典》中关于医务人员与医疗机构违反法律规定后的责任主体见表 2-2-2。

表 2-2-2 医务人员与医疗机构违反法律规定后的责任主体

条款	内容	违反后责任主体
第一千二百一十九条① 医疗机构告知义务	在诊疗活动中应当向患者说明病情和医疗措施。需要实施手术、特殊检查、特殊治疗的，医务人员应当及时向患者具体说明医疗风险、替代医疗方案等情况，并取得其明确同意；不能或者不宜向患者说明的，应当向患者的近亲属说明，并取得其明确同意。	医疗机构
第一千二百二十一条 医务人员未尽相当诊疗义务的医疗机构替代责任	在诊疗活动中未尽到与当时的医疗水平相应的诊疗义务。	医疗机构
第一千二百二十二条 医疗机构过错推定的情形②	违反法律、行政法规、规章以及其他有关诊疗规范的规定。	医疗机构
	隐匿或者拒绝提供与纠纷有关的病历资料③。	
	遗失、伪造、篡改或者违法销毁病历资料。	
第一千二百二十五条 客观病例资料的填写、保管和提供义务	医疗机构及其医务人员应当按照规定填写并妥善保管住院志、医嘱单、检验报告、手术及麻醉记录、病理资料、护理记录等病历资料。患者要求查阅、复制前款规定的病历资料的，医疗机构应当及时提供。	
第一千二百二十三条 医疗产品的不真正连带责任④	因药品、消毒产品、医疗器械的缺陷，或者输入不合格的血液造成患者损害。	药品上市许可持有人、生产者、血液提供机构、医疗机构

---

① 该条变化在于《民法典》之前的规定强调书面同意，《民法典》将书面同意改成了明确同意。第一千二百二十条规定了紧急情况下不能取得患者或者其近亲属的意见的情形。

② 本条规定了医疗机构过错推定责任，医疗机构应当承担举证证明自己不存在过错。其中第一项属于违法行为，第二项属于义务违背行为，第三项是为了弥补有些医院无法提供病例资料情形如何处理的问题。

③ 《最高人民法院关于审理医疗损害责任纠纷案件适用法律若干问题的解释》第六条：病历资料包括医疗机构保管的门诊病历、住院志、体温单、医嘱单、检验报告、医学影像检查资料、特殊检查（治疗）同意书、手术同意书、手术及麻醉记录、病理资料、护理记录、出院记录以及国务院卫生行政主管部门规定的其他病历资料。

④ 患者在向医疗机构主张后，医疗机构具有追偿的权利；本条还新增药品上市许可持有人作为责任承担主体。

⑤ 本条增加了"个人信息"，删除了"造成损害"，即不需要对患者造成损害，泄露行为本身就构成义务的违反，应当承担侵权责任。当然如果患者的疾病存在高度传染性，要平衡隐私权与公共利益的关系。

续表

条款	内容	违反后责任主体
第一千二百二十六条 违反患者隐私权和个人信息保密义务⑤	对患者的隐私和个人信息保密。泄露患者的隐私和个人信息，或者未经患者同意公开其病历资料的，应当承担侵权责任。	医疗机构及其医务人员
第一千二百二十七条 不必要检查禁止义务	不得违反诊疗规范实施不必要的检查。	医疗机构

◆ **案例题**

1.患者王某因突发胸痛收治入院，在行冠状动脉造影术过程中突发意识丧失，经抢救无效死亡。患者家属将医院诉至法院，在审理过程中对医院病历真实性存在异议，申请电子病历鉴定，鉴定认为存在有修改、删除、增加、篡改、伪造行为，该电子病历不完整、不真实。医学会医疗损害责任鉴定后，以无法确定鉴材真实性为由退回鉴定。

问：本案中，医院存在伪造、篡改病历的行为，但无法通过鉴定明确医院是否存在诊疗过错，能否推定医院有过错？

参考答案

第三章　医疗损害鉴定与医疗损害赔偿

一、医疗损害鉴定

◆　**知识点提炼**

医疗损害鉴定的概念　鉴定启动和选取鉴定人程序　鉴定前质证程序　鉴定材料的要求　鉴定事项　鉴定人出庭作证　单方鉴定的效力

◆　**知识点详解**

医疗损害鉴定的概念　医疗损害鉴定是指当事人申请对于医疗损害责任纠纷中专门性问题进行的一种鉴定，具有专业性和权威性的特点。

鉴定启动和选取鉴定人程序　对于医疗损害鉴定，可以由当事人申请启动，也可以由人民法院依职权的方式启动。医疗损害鉴定的鉴定人是由当事人双方协商选定的，但是如果当事人无法就鉴定人的选定达成一致，可能就无法启动鉴定程序，此时法院会提出确定鉴定人的方法：如果当事人同意此种方法，那么就按照此种方法来选取鉴定人；如果当事人拒绝的，那么法院便通过直接指定鉴定人的方式选定鉴定人。

鉴定前质证程序　对于需要鉴定的材料，人民法院应当组织当事人对鉴定材料进行质证的。

鉴定材料的要求　鉴定材料应当真实、完整、充分。

鉴定事项　通过鉴定，可以对实施诊疗行为有无过错，诊疗行为与损害后果之间是否存在因果关系以及原因力大小，医疗机构是否尽到了说明义务、取得患者或者患者近亲属明确同意的义务，医疗产品是否有缺陷、该缺陷与损害后果之间是否存在因果关系以及原因力的大小，患者损伤残疾程度，以及患者的护理期、休息期、营养期进行鉴定并得出结论。于诊疗行为对于患者损害的原因力大小，鉴定结论中会表述为导致患者损害的全部原因、主要原因、同等原因、次要原因、轻微原因或者与患者损害无因果关系这几种情况。

鉴定人出庭作证　鉴定意见需要当事人进行质证。如果当事人申请鉴定人出庭作证的，鉴定人原则上应当出庭作证。如果鉴定人因健康原因、自然灾害等不可抗力或者其他正当理由不能按期出庭的，人民法院可以延期开庭，或者经法院许可，通过书面说明、视听传输技术或视听资料等方式作证。如果鉴定人没有正当理由拒不出庭作证，当事人又对鉴定意见不认可，那么法院在此种情况下将不予采纳鉴定意见。

单方鉴定的效力 实践中，也存在大量当事人自行委托鉴定人的情形，那么此种情况下的鉴定意见是否说对方只要不认可，就无法被法院采纳呢？此种情况，如果对方当事人不认可，那么就必须提出明确的异议内容和理由。如果经法院审查，确有证据足以证明异议人的异议请求是成立的，那么法院对鉴定意见将不予采信；如果经法院审查，异议人的异议请求没有依据，是不成立的，那么虽然是当事人单方面委托鉴定人作出的鉴定意见，法院依然会对鉴定结论予以采信。

◆ **选择题**

1. 依据法律规定，委托医疗损害鉴定的，当事人应当按照要求提交怎样的鉴定材料？ （　　）

A. 真实　　　　　B. 完整　　　　C. 充分　　　　D. 以上缺一不可

参考答案

二、医疗损害赔偿

◆ **知识点提炼**

医疗损害赔偿　医疗损害赔偿项目及计算依据

◆ **知识点详解**

医疗损害赔偿　依据《民法典》第一千一百七十九条的规定，侵害他人造成损害应当赔偿的项目包括医疗费、护理费、交通费、营养费、住院伙食补助费等为治疗和康复支出的合理费用，以及因误工减少的收入。造成残疾的，还应当赔偿辅助器具费和残疾赔偿金；造成死亡的，还应当赔偿丧葬费和死亡赔偿金。

医疗损害赔偿项目及计算依据[①]

医疗损害赔偿项目及计算依据见表2-3-1。

表2-3-1　医疗损害赔偿项目及计算依据

赔偿项目	计算依据
医疗费	根据医疗机构出具的医药费、住院费等收款凭证，结合病历和诊断证明等相关证据确定。医疗费的赔偿数额，按照一审法庭辩论终结前实际发生的数额确定。根据医疗证明或者鉴定结论确定必然发生的费用，可以与已经发生的医疗费一并予以赔偿。
误工费	受害人因伤致残持续误工的，误工时间可以计算至定残日前一天。受害人有固定收入的，误工费按照实际减少的收入计算。受害人无固定收入的，按照其最近三年的平均收入计算；受害人不能举证证明其最近三年的平均收入状况的，可以参照受诉法院所在地相同或者相近行业上一年度职工的平均工资计算。
护理费	根据护理人员的收入状况和护理人数、护理期限确定。护理人员有收入的，参照误工费的规定计算；护理人员没有收入或者雇佣护工的，参照当地护工从事同等级别护理的劳务报酬标准计算。护理人员原则上为一人，但鉴定机构有明确意见的，可以参照确定护理人员人数。护理期限应计算至受害人恢复生活自理能力时止。受害人因残疾不能恢复生活自理能力的，可以根据其年龄、健康状况等因素确定合理的护理期限，但最长不超过二十年。受害人定残后的护理，应当根据其护理依赖程度并结合配制残疾辅助器具的情况确定护理级别。
交通费	根据受害人及其必要的陪护人员因就医或者转院治疗实际发生的费用计算。交通费应当以正式票据为凭；有关凭据应当与就医地点、时间、人数、次数相符合。
住院伙食补助费	可以参照当地国家机关一般工作人员的出差伙食补助标准予以确定。

---

　　① 根据《民法典》第一千一百七十九条、《最高人民法院关于审理人身损害赔偿案件适用法律若干问题的解释》《最高人民法院关于审理医疗损害责任纠纷案件适用法律若干问题的解释》整理。

赔偿项目	计算依据
营养费	根据受害人伤残情况参照医疗机构或鉴定机构意见确定。
残疾赔偿金	根据受害人丧失劳动能力程度或者伤残等级，按照受诉法院所在地上一年度城镇居民人均可支配收入标准，自定残之日起按二十年计算。但六十周岁以上的，年龄每增加一岁减少一年；七十五周岁以上的，按五年计算。受害人因伤致残但实际收入没有减少，或者伤残等级较轻但造成职业妨害严重影响其劳动就业的，可以对残疾赔偿金做相应调整。被侵权人同时起诉两个以上医疗机构承担赔偿责任，人民法院经审理，受诉法院所在地的医疗机构依法不承担赔偿责任，其他医疗机构承担赔偿责任的：一个医疗机构承担责任的，按照该医疗机构所在地的赔偿标准执行；两个以上医疗机构均承担责任的，可以按照其中赔偿标准较高的医疗机构所在地标准执行。赔偿权利人举证证明其住所地或者经常居住地城镇居民人均可支配收入或者农村居民人均纯收入高于受诉法院所在地标准的，残疾赔偿金可以按照其住所地或者经常居住地的相关标准计算。 被扶养人生活费的相关计算标准，依照前款原则确定。
残疾辅助器具费	按照普通适用器具的合理费用标准计算。伤情有特殊需要的，可以参照辅助器具配制机构的意见确定相应的合理费用标准、更换周期和赔偿期限。
丧葬费	按照受诉法院所在地上一年度职工月平均工资标准，以六个月总额计算。
死亡赔偿金	按照受诉法院所在地上一年度城镇居民人均可支配收入标准，按二十年计算。但六十周岁以上的，年龄每增加一岁减少一年；七十五周岁以上的，按五年计算。被侵权人同时起诉两个以上医疗机构承担赔偿责任，人民法院经审理，受诉法院所在地的医疗机构依法不承担赔偿责任，其他医疗机构承担赔偿责任的：一个医疗机构承担责任的，按照该医疗机构所在地的赔偿标准执行；两个以上医疗机构均承担责任的，可以按照其中赔偿标准较高的医疗机构所在地标准执行。赔偿权利人举证证明其住所地或者经常居住地城镇居民人均可支配收入或者农村居民人均纯收入高于受诉法院所在地标准的，死亡赔偿金可以按照其住所地或者经常居住地的相关标准计算。
被扶养人生活费	根据扶养人丧失劳动能力程度，按照受诉法院所在地上一年度城镇居民人均消费支出标准计算。被扶养人为未成年人的，计算至十八周岁；被扶养人无劳动能力又无其他生活来源的，计算二十年。但六十周岁以上的，年龄每增加一岁减少一年；七十五周岁以上的，按五年计算。被扶养人是指受害人依法应当承担扶养义务的未成年人或者丧失劳动能力又无其他生活来源的成年近亲属。被扶养人还有其他扶养人的，赔偿义务人只赔偿受害人依法应当负担的部分。被扶养人有数人的，年赔偿总额累计不超过上一年度城镇居民人均消费支出额。赔偿权利人举证证明其住所地或者经常居住地城镇居民人均可支配收入高于受诉法院所在地标准的，残疾赔偿金或者死亡赔偿金可以按照其住所地或者经常居住地的相关标准计算。 被扶养人生活费的相关计算标准，依照前款原则确定。
精神损害抚慰金	精神损害抚慰金包括以下方式：（一）致人残疾的，为残疾赔偿金；（二）致人死亡的，为死亡赔偿金；（三）其他损害情形的精神抚慰金。具体适用《最高人民法院关于确定民事侵权精神损害赔偿责任若干问题的解释》予以确定。

◆ 选择题

1. 下列关于死亡赔偿金的说法错误的是 （ ）

  A. 按照受诉法院所在地上一年度城镇居民人均可支配收入标准，按二十年计算

B. 受害人年龄在七十五周岁以上的，死亡赔偿金按十年计算

C. 受害人年龄在六十周岁以上的，死亡赔偿金在二十年计算基础上，年龄每增加一岁减少一年

D. 两个以上医疗机构均承担责任的，可以按照其中赔偿标准较高的医疗机构所在地标准执行

案例题

1. 患者杨某，女，45岁，祖籍沈阳，长期在杭州居住工作，先后在杭州某医院和沈阳某医院治疗，后不治身亡。患者家属将两家医院均作为被告诉至沈阳某医院所在地法院，并按照浙江省城镇居民人均可支配收入主张死亡赔偿金。

问：原告方未按受诉法院所在地上一年度城镇居民人均可支配收入，而是按照住所地或者经常居住地城镇居民人均可支配收入主张死亡赔偿金，能否获得支持？

参考答案

第四章　医疗损害免责事由

一、免责事由概述

◆　**知识点提炼**

免责事由

◆　**知识点详解**

免责事由　是指根据法律规定或者合同的约定，当事人可对其不符合合同约定的行为或者对于他人人身、财产等损失不承担法律责任的事实和理由。免责事由一般是由法律规定的，当事人在不违反法律和公序良俗的情况下，也可约定。

民法理论上，免责事由分为两大类：正当理由，具体可以分为职务授权行为、正当防卫、紧急避险、自助行为与受害人同意五种类型；外来原因，具体包括不可抗力、受害人过错、第三人的原因以及意外事件四种类型。《民法典》对自甘风险与自助行为作出了明确规定。对于免责事由的理解，必须借助具体规定理解。免责事由具体又可以分为一般免责事由和特别免责事由。

◆　**选择题**

1. 侵权责任的免责事由包括　　　　　　　　　　　　　　　　（　　）

　　A. 不可抗力　　　　　B. 正当防卫　　　　　C. 紧急避险

　　D. 自己有过失　　　　E. 受害人过错

参考答案

二、特别免责事由

◆ **知识点提炼**

　　特别免责事由　患者方过错　紧急情况下医务人员已尽到合理诊疗义务　当时医疗水平限制

◆ **知识点详解**

　　特别免责事由　损害并非因医方行为造成，而是因外在因素独立造成的，在这种特定情况下，医疗损害的特别免责事由具体包括患者方过错、紧急情况下医务人员已尽到合理诊疗义务、当时医疗水平限制。

　　患者方过错　患者或者其近亲属不配合医疗机构进行符合诊疗规范的诊疗。由此可见患者方不仅仅是指患者个人，还包括其近亲属。从《民法典》第一千零四十五条的规定来看，近亲属主要包括配偶、父母、子女、兄弟姐妹、祖父母、外祖父母、孙子女、外孙子女。对于医疗机构选择告知对象时，患者本人应属于第一位的告知对象，如果存在不能或者不宜向患者说明的才应该告知近亲属，例如被授权的近亲属或者法定监护人。

　　患者或者其近亲属不配合的前提下，医疗机构尽到了告知义务，则医疗机构在原则上不用承担赔偿责任，损害后果应当由患者一方自负；如果医疗机构未尽到必要的告知义务，即使患者本人或者其近亲属存在不配合的情况，医疗机构也可能因没有尽到高度的注意义务及详尽的告知义务而承担赔偿责任。从司法实践来看，医疗机构告知义务可能存在的缺陷主要包括告知的内容不全面、告知的方式不正确、告知的对象选择错误。就告知内容不全面来说，最为常见的情况是未将风险事项告知，例如因术前未告知手术过程中发生其他情况可能产生新的费用，导致患者及其近亲属拒绝就增加的费用支付手术费。如果患者方要求以书面方式告知，但医疗机构却没有选择以书面方式告知，此种情况下就会导致告知方式错误。比如患者死亡后，患者家属对于诊疗行为有异议，医院口头告知家属可以委托尸检机构进行尸检，从而明确死因，由于没有书面的告知材料，患方不认可医疗机构已告知尸检事项，这种情况下法院可以以医疗机构未履行告知义务要求医疗机构承担责任。另一种常见的告知缺陷是告知对象的选择错误，一般而言告知对象就是患者本人，但如果医疗机构未将相关情况告知正确的对象，可能导致告知上的缺陷，从而承担相应的责任。

　　紧急情况下医务人员已尽到合理诊疗义务　医务人员在抢救生命垂危的患者等紧急情况下已经尽到合理诊疗义务。此外，如果医疗机构在为了抢救生命垂危的患者等紧急情况下，不能取得患者或者其近亲属意见的，由医疗机构负责人或者授权的负责人批准，可以立即实施相应的医疗措施。如果患者因此请求医疗机构承担赔偿责任的，人民法院将不予支持。

对于不能取得患者或者其近亲属意见的情形，不能做过于扩大的解释，根据相关规定，不能取得患者或者其近亲属意见的情形主要是近亲属不明的、不能及时联系到近亲属的、近亲属拒绝发表意见的、近亲属达不成一致意见的这几种情况。法律在这些情况下豁免了医疗机构的损害责任。如果医疗机构及其医务人员在经过相关批准后，怠于实施相应医疗措施造成损害，患者反而有请求医疗机构承担赔偿责任的权利。

当时医疗水平限制　对于限于当时的医疗水平难以诊疗的情形，如果医生提供的诊疗活动是符合当时的医疗水平的，医疗机构可以免责。医疗水平事实上包含了医务人员注意义务的范围的概念。既然法律规定了"当时的医疗水平"这一免责标准，这一概念就不应当是一个抽象概念，否则会在适用上造成混乱。应当从当时的医疗水平下，医务人员应尽到哪些注意义务作为判断当时的医疗水平如何的依据。不同时期的医疗水平，医务人员要求尽到或能够尽到的注意义务范围是不同的。比如，以前在输血时因没有检测丙肝或艾滋病毒的项目，在当时的医疗水平下就无法发现输血时感染丙肝或艾滋病毒的情况，而现在的医疗水平是可以检测的，就可以提早发现上述病毒以防止患者感染。因此应根据不同时期的医疗水平来设定该时期医务人员的注意义务范围大小，不能一味地苛求医务人员超出当时的医疗水平所能尽到的合理注意范围去承担责任，这是不现实的。

对于合理注意义务是否已经尽到的标准也应以当时医疗法规和医疗常规为准。注意义务可以分为一般注意义务和特殊注意义务。一般注意义务是指合法执业义务、遵守诊疗护理操作规程义务、禁止过度检查义务等所有执业医生均应注意的义务；特殊注意义务是指包括医疗过程中的说明义务、告知义务、转诊义务、问诊义务、观察护理义务、善管病历义务、紧急救治义务等具体医疗行为中的注意义务。对于尽到何种程度的注意义务，包括客观标准和主观标准。客观标准是指通常医务人员正当的技术水平及注意义务，需考虑的因素包括当时的医疗水平、地区差异等因素。主观标准是指考虑案件的实际情况、医疗机构及医务人员的特殊情况，需考虑的因素包括医疗机构资质、医务人员资质等。

◆ 选择题

1. 下列哪些情形属于医疗机构的免责事由？　　　　　　　　　　（　　　）

　　A. 患者方过错

　　B. 当时医疗水平限制

　　C. 紧急情况下医务人员已尽到了合理诊疗义务

　　D. 医务人员有过失行为

◆ **案例题**

1. 唐某 2013 年 10 月 10 日到某儿童医院就诊，临床诊断为"重复肛门"，于同年 10 月 18 日行重复肛门切除术，10 月 26 日出院。后唐某因排便困难、腹泻等于同年 11 月 5 日在南京某医院门诊就诊，诊断为"无肛会阴瘘，重复肛门切除术后肛门狭窄"，给予扩肛后有稀软大便排出。唐某于 2014 年 4 月 11 日在上海某医学中心门诊就诊，查体示"肛门位置偏前，无明显狭窄"。原告的家长认为被告某儿童医院在诊疗过程中存在诊断错误，在未明确诊断的情况下给予手术治疗有过错，遂诉至法院。经鉴定，鉴定意见为没有证据证明某儿童医院切除了正常肛门及实施了肛门成形术等操作，唐某术后排便功能障碍与肛门位置先天性异常直接相关。某儿童医院在诊疗过程中存在一定的不足之处或过错，据现有材料，难以认定医疗行为与原告所述的不良后果之间存在因果关系。

问：某儿童医院能否以当时医疗水平限制抗辩免责？

参考答案

三、一般免责事由

◈ **知识点提炼**

不可抗力　受害人故意　第三人过错

◈ **知识点详解**

不可抗力 《民法典》第一百八十条规定了因不可抗力不能履行民事义务的，不承担民事责任。不可抗力是指不能预见、不能避免且不能克服的客观情况。不可抗力可以由自然原因引起，也可以是人为或者社会因素引起的。自然原因比如地震、水灾、旱灾等，人为或者社会原因比如战争、政府禁令、罢工等。不可抗力是一种法律事实，可能会导致法律关系的变更、消灭，如必须变更或解除合同；也可能导致法律关系的产生。不可抗力发生后，一方应采取一切措施，使损失减少到最低程度。在合同领域中不可抗力条款比较常见，该条款主要明确什么是不可抗力，如果发生不可抗力一方向另一方的报告义务，以及不可抗力事故一方责任承担范围。其作为一种常见的免责条款，是指发生了当事人无法预见、无法避免、无法控制、无法克服的意外事件（如战争、车祸等）或自然灾害（如地震、火灾、水灾等），以致当事人不能依约履行职责或不能如期履行职责，发生意外事件或遭受自然灾害的一方可以免除履行职责的责任或推迟履行职责。

对于不可抗力的判断具有区域性的差异，应当根据案件的具体情况和医疗机构的客观条件具体问题具体分析是否属于不可抗力。不可抗力作为法定的免责事由，在适用上应当进行严格的限制。

受害人故意 《民法典》第一千一百七十四条规定，损害是因受害人故意造成的，行为人不承担责任。受害人故意是指受害人明知自己的行为会发生损害自己的后果，而希望或者放任此种结果的发生，具体可以分为直接故意和间接故意。直接故意是指受害人从主观上积极追求损害自己的结果发生，例如受害人故意不配合医院的诊疗活动，医疗期间多次尝试自杀最终死亡；间接故意则是指受害人已经预见到自己的行为可能会发生损害自己的结果，不停止该行为，放任损害结果发生。

第三人过错 《民法典》第一千一百七十五条规定，损害是因第三人造成的，第三人应当承担侵权责任。所谓的第三人过错是指，在受害人和加害人之外还存在第三人，该第三人对受害人损害的发生有主观过错。从过错主体上来看，是加害人和受害人之外的第三人，第三人和加害人没有主观上的过错联系，不构成共同的侵权行为；从效果上来，看第三人过错是导致损害结果发生的原因，那么可以作为免除加害人责任的依据。

◆ **案例题**

1. 2020 年，李某因腹部不适、胸闷进入某医院治疗，经诊断为右肾上腺占位、右侧胸腔积液，随后李某在某医院外科三楼 26 床接受住院治疗。患者陪护家属离开病区后，责任护士进入病房询问患者夜间及凌晨饮食，并预定好明晨早餐，患者无异常表现。后护士交接班时发现患者房门反锁，患者用丝巾挂在阳台门上勒住颈部，身体下坠，即发现患者自缢，遂开始抢救。患者病情未见明显好转，自主呼吸未恢复，抢救无效死亡。

问：医疗机构是否需要承担医疗损害责任？

参考答案

第三篇

医疗纠纷三大调解制度

第一章　院内医务部调解

一、医务部职责定位

◆　**知识点提炼**

医务部　医务部职责范围

◆　**知识点详解**

医务部　医务部又称医务管理部门,是医疗机构内设立的专门负责医疗工作管理的部门,一般也称为医务处(科)。医务部在院长领导下,根据医院工作计划,结合医疗、医技工作实际,拟定医院医疗业务工作计划,经医院医务部领导批准后具体组织实施,定期总结工作现状和对策,上报院领导作为决策依据,属于带有一定行政职能的部门。

医务部需经常督促、检查医疗工作制度,医疗技术操作规程和医疗、医技人员工作职责的贯彻执行情况,从而提高医疗质量和医疗技术水平,做好科室间的协调工作,具有统筹医院业务的重要作用。

在实践中,医务部制定医疗质量管理方案、标准和评价检查办法,报院长批准后组织实施;同时及时对医疗事故进行调查,组织讨论,提出初步处理意见,报院有关部门。在临床会诊中,医务部收集了解或参加临床医疗科室开展的新业务、新技术,组织协调重大急重危病人的抢救、疑难病例讨论、重大手术讨论和审批、院内外会诊工作。在医疗用品上,医务部督促、检查药品和医疗器械的供应管理工作。在人事上,医务部组织针对院医疗卫生人员的业务培训和考核工作,做好资料的整理和保存,组织实施对基层医院的技术指导工作和临时性院外医疗任务,同时在教学中协助科教科开展教学、科研工作。

医务部职责范围

1.在院长及分管院长领导下,依据依法治院、依法执业的要求,以落实医疗质量管理委员会、病案管理委员会、医院感染管理委员会、输血管理委员会、药事管理委员会等委员会的各项工作为核心,以保护患者和医疗机构及其医务人员合法权益,保障医疗安全,规范执业行为为出发点,拟订并具体组织实施全院的医疗、预防工作，是全院医疗管理工作的组织、监督、检查、指导、咨询机构。

2. 依据国家及各级卫生主管部门的有关卫生管理法律、法规、规章，诊疗护理规范和常规，结合医院实际，制定和完善医院医疗质量控制标准及实施方案，并对全院医疗质量进行全面的监督、检查、整改，保障医疗安全，切实促进医疗质量管理与持续改进。

3. 依据相关法律、法规，督促、指导各临床医技科室制定本专业或科室有关医疗安全的工作制度，防范措施及危机处理预案。落实整改工作，消除安全隐患，牢固树立全员质量意识和安全意识，保障患者及医务人员的医疗工作安全。

4. 通过专题讲座、发放培训教材、观看影音资料、现场演练、书面考核等不同形式，组织实施对全院医务人员开展有关医疗法律、法规、部门规章制度、标的业务培训，指导各临床医技科室开展岗位技术训练，巩固基本操作技能，提高应对新发疾病的诊治能力。

5. 具体实施《医师法》各项规定，组织医师资格考试考务工作，落实医师执业注册制度，督促检查全院医师在执业地点、执业类别、执业范围内执业，办理执业医师资格申请、注册、注销、变更手续，杜绝违法执业。

6. 深入各临床、医技科室，了解和掌握全医疗动态，协调、调配全院医疗资源，加强与其他职能科室的配合，落实整改措施，共同推进医疗质量各环节的改进工作。

7. 落实医疗质量管理工作，保证医疗安全，以各质量管理委员会为平台，对医疗、药事、输血、院感、医技等部门加强监督管理，推进持续改进工作。

8. 制定完善突发公共卫生事件及各类重大灾难事故、重大传染病疫情和生化恐怖袭击事件的应急处置预案，并组织演练提高应急能力，组织应对突发公共卫生事件及各类重大灾难事故的紧急救援工作。

9. 督促、落实传染病防治法及实施办法的各项规定，指导院防保科做好医院传染病预防、疫情报告、控制、监督管理工作。

10. 制定医院预防和控制医院感染的规划、标准、制度、监控措施及具体实施办法，加强医疗废物管理指导工作，及时收集、整理、分析、反馈医院感染资料，制定并落实控制措施。

11. 落实《医疗事故处理条例》各项规定，制定医院医疗事故防范和处理预案，接受患方对医疗技术服务的投诉，并提供咨询服务。及时妥善处理医疗纠纷，协调医患关系，维护医院利益，参与医疗纠纷、事故的现场及善后的处理工作。

12. 督促、落实原卫生部及卫生厅有关《病历书写基本规范》的各项要求。制定和完善医疗文书的评价标准及实施办法，提高临床医生书写技能。组织各种形式的病案质量检查、反馈和整改，强化病案形成全过程的质控工作，提高病案质量。

13. 制定和修订医院病案管理工作的总体规划和规章制度，落实《医疗机构病历管理规定》，确保病案的收缴、录入、保管、归档、借阅、复制工作能够简便、高效、有序开展。

14. 依据原卫生部《医师外出会诊管理暂行规定》，结合医院具体工作，制定、完善、落实医师外出会诊和手术的有关规定，并具体负责院外会诊、手术，远程会诊及院内重大会诊的联系工作。

15. 依据《中华人民共和国母婴保健法》指导相关科室，依法开展婚前医学检查孕产期保健服务，遗传病诊断、产前诊断及施行结扎手术和终止妊娠手术，做好母婴保健服务工作，落实禁止非医学需要进行胎儿性别鉴定的各项措施。

16. 依据《中华人民共和国药品管理法》《处方管理办法（试行）》《抗菌药物临床应用指导原则》等有关药政法规，配合药事管理部门做好全院药品监督、检查、指导、咨询和管理工作，开展临床药学工作，药物不良反应监管及临床药师制，加强处方开具、调剂、使用、保存的规范化管理，提高处方质量，促进合理用药，落实抗菌药物临床应用的各项指导原则，保障患者用药安全。

17. 依据《中华人民共和国献血法》《医疗机构临床用血管理办法》《临床输血技术规范》，指导血液管理部门执行有关规定，执行输血技术规范，确保输血安全，督促血液和血制品的合理使用，积极推广成分输血工作。

18. 健全院内医疗新技术、新项目的准入管理制度，督促、落实各临床医技科室具备与开展新技术、新项目相适应的技术力量、设备与设施，并有保证医疗质量和医疗安全的有效措施和风险预案。

19. 接受上级卫生行政主管部门的指派，安排医师参与医疗救灾、传染病控制、卫生支农、义诊、兵检等各类政府指令性医疗工作。

◆ 选择题

1. 遇到亲人在医院救治失败时，当事人应该如何寻求帮助？ （　　）
　　A. 向法院起诉　　　　　　　　　　B. 与医院协商沟通
　　C. 纠集亲属包围医院，迫使医院赔偿　　D. 通过人民调解委员会解决
2. 以下哪些选项属于医务部的职责定位？ （　　）
　　A. 在教学中扶助教学科研
　　B. 核算与监督医院财务走向
　　C. 在医患纠纷中，主动调解医院与患者以及家属之间的矛盾关系
　　D. 配合医学伦理委员会、科教科的建立

◆ 案例题

1. 2013年10月25日，小满市第一人民医院发生一起患者刺伤医生案件，3名医生在门诊为病人看病时被一名男子捅伤，其中耳鼻咽喉科主任医师谷雨因抢救无效死亡。国务院对小满市医生被刺身亡事件十分关注并作出重要批示，要求有关部门高度重视医患矛盾引发的暴力事件，采取切实有效措施维护医疗秩序。2014年1月27日，小满市中级人民法院一审判处被告人死刑，剥夺政治权利终身。2014年4月1日下午，小满市杀医案终审维持死刑判决，报最高人民法院核准。2015年5月25日，小满市杀医案凶犯被执行死刑。

　　问：对于以上医患纠纷导致的惨剧，你有什么看法？

参考答案

二、医务部调解的法律依据

◆ **知识点提炼**

医务部调解的法律依据

◆ **知识点详解**

医务部调解的法律依据 《医疗事故处理条例》第四十六条规定，发生医疗事故的赔偿等民事责任争议，医患双方可以协商解决；第四十七条规定，双方当事人协商解决医疗事故的赔偿等民事责任争议的，应当制作协议书，协议书应当载明双方当事人的基本情况和医疗事故的原因、双方当事人共同认定的医疗事故等级以及协商确定的赔偿数额等，并由双方当事人在协议书上签名。《医疗纠纷预防和处理条例》第二十二条规定，发生医疗纠纷，医患双方可以通过自愿协商解决。

由此可见，不论是根据《医疗事故处理条例》还是《医疗纠纷预防和处理条例》，发生医疗纠纷时，双方自愿协商属于法定的解决途径之一，医务部代表医疗机构进行协商属于其工作范畴。

◆ **选择题**

1. 下面关于医务部调解的说法正确的有 （　　）

A. 医务部调解应当遵循当事人双方自愿的原则

B. 双方就损害赔偿达成协议的，医务部可以制作协议书

C. 医疗事故纠纷必须先经过医务部调解

D. 医务部可以调解一般医疗损害责任纠纷

◆ **案例题**

1. 医疗事故调解中，小明利用信息不对称，和小城签订了调解协议，并且已经履行完毕。事后小城幡然醒悟，觉得调解协议不能补偿自己的损失，并向法院起诉。

问：你觉得小明和小城已经履行完毕的调解协议是否有效？

2. 患者，男，81 岁，主因间断胸闷憋气 1 周余，加重 1 天，于某年 11 月 21 日入住市某三级医院心内科。入院当日给予补钾，床旁血液透析治疗，血透后查血钾 6.50mmol/L，血氧饱和度 90% 至 95%。11 月 23 日血氧饱和度降至 70% 至 80%，监护显示：波律不齐，患者突发意识丧失，心率、血压、呼吸、血氧饱和度为 0，经抢救无效死亡。

争议焦点：患方认为，患者入院时情况平稳，发生异常后由于值班医生临床经验不足，未及时采取措施，导致病情恶化死亡，其间也没给家属下病危通知书。医方认为，不能证明患者因血钾水平直接导致死亡，患者入院后血钾变化不排除存在化验误差。

问：以上案例中，医院医务部应该如何组织调解解决矛盾呢？

参考答案

三、医务部调解的主要模式

◈ **知识点提炼**

主动调解　双方协商调解　通过第三方中介调解

◈ **知识点详解**

主动调解　当患者与医院在医疗就诊中发生纠纷，一般医院医务部都会通过主动调解来解决医患纠纷。这种模式的优点是可以积极主动地安抚患者与其近亲属的不满心理，及时有效地满足患者及其亲属的需求，更好地解决矛盾。

双方协商调解　因为医患纠纷涉及复杂的法律知识和冗长的诉讼时间，更多时候，当事人付出的精力和物质远比纠纷涉及的赔偿多，此时双方协商就更有利于贴近距离，表达彼此的真诚需求，体现双方的诚意，双方在对等自愿的机制下也更有利于尽快解决医患纠纷。

通过第三方中介进行调解　一般包含人民调解委员会调解和司法调解。在实务中，当发生医患纠纷时，医院倚仗医疗技术的优势，一般很难认为自己存在过失，同时因为患者不懂得专业医学知识，而在会诊救治过程中双方又缺乏良好的沟通、解释和说明，当发生意外时，医护人员与患者及家属总是背道而驰，很难心平气地协商调解。基于彼此的角度和利益需求，此时通过第三方中介来进行调节，更有利于促进矛盾的解决。

◈ **选择题**

1. 医疗损害责任纠纷的调解模式有　　　　　　　　　　　　　　（　　）

   A. 主动调解　　　　　　　　　　　　B. 双方协商调解

   C. 第三方中介调解　　　　　　　　　D. 诉讼中调解

◈ **案例题**

1. 小佳和医院发生医疗纠纷，认为医院严重损害自己的身体健康，医院主动调解，但是双方调解没有达成满意的结果，于是想要通过诉讼的方式解决问题。当地人民调解委员会得知情形后，主动想要调解双方矛盾。

问：如果你是小佳，你会如何选择解决方式？

参考答案

第二章　医疗调解委员会调解

一、医疗纠纷人民调解的概念和性质

◆　知识点提炼

医疗纠纷人民调解的概念和性质

◆　知识点详解

医疗纠纷人民调解的概念和性质　医疗纠纷人民调解委员会是指专门设立从事处理医患纠纷的第三方中立机构，主要承担全市医疗纠纷人民调解、法律援助、提供风险防控建议等工作，在卫生和司法部门的协助下，建立由法律、医学等方面专家组成的专家库，参照统一保险方案、统一产品责任、统一工作步骤、统一保险价格、统一参加保险、统一调赔服务"六统一"的原则，在所在地区建立统一的医疗责任保险制度，规范化管理，市场化运作。

◆　选择题

1. 医疗调解委员会的六统一原则包括哪些内容？　　　　　　　（　　　）

    A. 统一保险方案　　　　　　　　B. 统一产品责任

    C. 统一工作步骤　　　　　　　　D. 统一保险价格

参考答案

二、医疗纠纷人民调解的法律依据

◈ **知识点提炼**

医疗纠纷人民调解的法律依据

◈ **知识点详解**

医疗纠纷人民调解的法律依据 《医疗事故处理条例》第四十八条规定，已确定为医疗事故的，卫生行政部门应医疗事故争议双方当事人请求，可以进行医疗事故赔偿调解。调解时，应当遵循当事人双方自愿原则，并应当依据本条例的规定计算赔偿数额。经调解，双方当事人就赔偿数额达成协议的，制作调解书，双方当事人应当履行；调解不成或者经调解达成协议后一方反悔的，卫生行政部门不再调解。

《人民调解法》第十七条规定，当事人可以向人民调解委员会申请调解；人民调解委员会也可以主动调解。当事人一方明确拒绝调解的，不得调解。

《人民调解法》第二十二条规定，人民调解员根据纠纷的不同情况，可以采取多种方式调解民间纠纷，充分听取当事人的陈述，讲解有关法律、法规和国家政策，耐心疏导，在当事人平等协商、互谅互让的基础上提出纠纷解决方案，帮助当事人自愿达成调解协议。

◈ **案例题**

1. 小明与医院发生纠纷，想与医院调解解决矛盾，但是医院认为自己不存在医疗过失行为，拒绝双方的调解活动，于是小明想要通过第三方中立机构来调解彼此矛盾。

问：小明的想法有何法律依据？

参考答案

三、医疗纠纷人民调解的主要模式

◆ **知识点提炼**

诸暨模式　宁波解法

◆ **知识点详解**

与医方庞大惊人的门诊量相比，医疗纠纷的绝对数量很小，但其对秩序、社会关系的破坏力不可小觑，其消极效果与负面作用比较明显。当前，以切断介入的第三方与医方、卫生行政管理部门之间的利害关系来赢取生命力与口碑的医疗纠纷人民调解机制方兴未艾，各地的相关实践不尽相同。下面以当前医疗纠纷的主要特征为基点，对具有典型性的诸暨模式和宁波解法进行分析和阐释。

诸暨模式　2008 年 10 月 17 日、23 日，浙江诸暨市先后发布《诸暨市人民政府关于建立诸暨市医疗纠纷人民调解委员会的工作意见》《诸暨市医疗纠纷预防和处置暂行办法》，为诸暨市医疗纠纷人民调解机制的构建提供了规范性依据。由诸暨市司法局负责组建的医疗纠纷人民调解委员会 (以下简称"医调会") 于 2008 年 12 月 1 日成立，有专职调解员 3 名，兼职调解员 27 名，聘有市内外医学专家 30 名和法学专家 23 名。其中，担任主任的专职调解员全拥有法律职业资格和主治医师职称、从事过卫生管理和信访工作，另 2 名专职调解员分别为具有丰富民间调解经验的退休司法所所长和具有较好医学理论知识与文字处理能力的医学院校毕业生，兼职调解员均为乡镇街道调委会和综治中心负责人。医调会工作经费和调解员工资、专家补贴由诸暨市财政保障，有专门的办公场所和专用车辆。

医调会不收取医患双方任何费用，赔偿金、补偿金由作为第三方的医调会从医疗风险金中即时支付，不但可防止调解协议达成后医患双方因履行、反悔等原因而产生新的利益冲突，而且可通过避免经营成本等额外支出来确保有限的医疗风险金全额用于医疗纠纷的赔偿、补偿。医疗风险金由诸暨市卫生局按"以收定支、收支平衡、保障适度"的原则组织实施，全市各类医疗机构及其职工共同参加，医疗机构按年业务收入和职工人数缴纳，分机构账户和统筹账户，医方的赔偿、补偿款项先从其机构账户列支，超过部分再由统筹账户补足；医方赔偿、补偿超额的，取消其先进评选资格，实行考评扣分并提高下一年度的医疗风险金缴纳比例。诸暨医调会取得了"患者信任、医院平安、政府满意"的良好社会效益，因此被评为 2010 年全国模范人民调解委员会。

医疗纠纷人民调解的诸暨模式得以形成并良好运行的核心条件在于：

1. 医调会的中立立场

位于诸暨的医疗机构绝大多数属于公办性质，它们的人财物由卫生局管理，与卫生局之间利害攸关、利益关联。患者一方对其作为医疗纠纷行政调解的主体并不信任，通常持怀疑的态度和对抗的心理。非中立性使卫生局主持的行政调解在化解医疗纠纷方面的有效性大打折扣，而医调会与医患双方均利益无涉，辅之其民间性、专业性、公益性，能够及时了解医疗纠纷的有关信息，缓解或消除医患双方的对抗情绪，防止医疗纠纷的扩大化并实现权威且妥当的化解。

2. 物质和人员的充分保障

诸暨经济繁荣，民殷商富，产业发达，市场活力充沛，常年位居全国县域经济综合竞争力百强榜前列，地方财政收入十分可观。对于医疗纠纷人民调解这一有益于保障医疗安全、维护医疗秩序的机制，诸暨官方愿意并能够从办公场所、车辆、经费、人员编制等方面给予充分的物质性保障。

宁波解法 《宁波市医疗纠纷预防与处置暂行办法》以宁波市政府令的形式于2007年12月12日颁布，并于2008年3月1日起实施。2011年8月31日，《宁波市医疗纠纷预防与处置条例》在宁波市第十三届人民代表大会常务委员会第三十四次会议上获得表决通过，在全国开医疗纠纷人民调解机制为地方性法规所确认之先河。宁波市及下辖各县(市)区的司法行政部门会同卫生等有关部门指导当地有关社会团体、组织设立医调会，医调会与卫生行政部门之间不存在隶属关系。

宁波市医调会于2008年2月29日挂牌成立。医调会由委员三至九人组成，医疗纠纷人民调解员由医调会委员和医调会聘任的人员担任，并以"为人公道、品行良好，具有医疗、法律、保险专业知识和调解工作经验，并热心人民调解工作"作为遴选条件。医调会可吸收公道正派、热心调解、群众认可的社会人士参与调解，建立由医学、法律等专业人士组成的专家库，调解医疗纠纷不收取费用，工作经费由本级人民政府保障。

宁波市的公立医疗机构必须参加医疗责任保险，其他医疗机构可自愿参加，医疗责任保险费从医疗机构业务费中列支。医疗责任保险共保体由中国人保、太平洋保险、大地保险、平安保险四家财产保险公司的宁波分公司组成，以中国人保宁波分公司为首席承保人，承保项目以医疗责任保险为主、兼及其他，保险范围覆盖包括但不限于医疗事故的所有医疗纠纷。共保体按照"保本微利"原则合理确定保险费率，根据不同医疗机构历年医疗纠纷的发生情况实施差异费率浮动机制，结余转为下一年的赔付准备金。共保体下设配备专职人员的医疗纠纷理赔处理中心，该中心的运作成本从医疗责任保险总额中依固定比例提取。

针对索赔金额为1万元以上(不含1万元)的医疗纠纷，在进入人民调解程序前，保险机构有权在其专用接待场所参与协商处理，医疗纠纷协商处理的场所可在短时间内由医院内移至医院外；在进入人民调解程序后，医调会有通知保险机构参与处理的法定义务，保险机构参与医疗纠纷人民调解时可调查与理赔相关的事实，收集与理赔相关的票证，加快理赔进度，进而缩短医疗纠纷人民调解协议的履行时间。保险机构代理或协助医疗机构参加医疗纠纷的人民调解，能够以其专业化工作来保证赔偿标准的统一化与透明化，使相同、相似、相近的医疗纠纷得到相差无几的赔付，可有效防止国有资产的无序流失。医疗纠纷人民调解机制在宁波实施以来，公安机关介入医疗纠纷的次数、医疗机构被砸次数、医务人员被打人数均出现了很大幅度的下降。

作为起步明显偏晚、运营经验严重匮乏、利润率相对偏低的险种，医疗责任保险能被引入宁波解法，与宁波作为副省级城市、计划单列市、浙江经济中心之一的较大城市规模和较多的医疗资源不无关系。尽管不将参加医疗责任保险作为医疗机构开展业务的先决条件，但宁波官方先后通过规范性法律文件强制公立医疗机构参保、鼓励其他医疗机构参保，为保险机构在收取保费方面提供了一个可观的基本面。保险机构通过限定个案理赔和累计理赔的额度，外加医疗纠纷保险理赔处理中心的运作成本从保费中提取，避免了无利可图或亏损局面的出现。

保险机构为追逐尽可能多的利润，可能采取"在个案中过分压低赔付额度"和"不合理确定保险费率"的方法：前一方法会影响医疗纠纷人民调解协议的自动履行率，降低患者一方的满意度；后一方法会降低医疗机构的参保意愿，迫使医疗机构将保费负担不当地转嫁给患者。当"仅强调保险机构之社会责任的做法不具有持久性"的常理被明确认知后，如何让保险机构在"保本微利"的底线之上持续性地拥有参与医疗纠纷人民调解的热忱，是宁波解法进一步完善中不得不依靠更大智慧加以思虑的事项。此外，在诸多的非公办医疗机构参加医疗责任保险比例极低的情况下，其医疗纠纷的人民调解效果如何保证，需要宁波方面付出更多心力。

自 2011 年 1 月 1 日起施行的《人民调解法》第三十四条对包括医调会在内的专业性人民调解组织的设立及其活动作出了准用性规定，医疗纠纷人民调解的实践经验实现了由地方政府令到地方性法规、部门规章再到基本法律的提升，全国性正式立法使医疗纠纷人民调解的成果得以顺利固定与保全，这一耗时不足三年的制度化历程充分说明以诸暨模式和宁波解法为代表的实践模式对于化解医疗纠纷的针对性、有效性和社会认可度。在"发展是硬道理，稳定是硬任务"的宏观治理策略之下，纠纷解决的即时化与矛盾化解的在地化格外重要。

◆ 选择题

1. 下列关于诸暨模式的医疗调解模式的说法正确的是 （　　）
   A. 诸暨市司法局负责组建医疗纠纷人民调解委员会
   B. 不收取医患双方任何费用，赔偿金、补偿金由作为第三方的医调会从医疗风险金中即时支付
   C. 医调会立场中立
   D. 物质和人员有充分保障

2. 下列关于宁波解法的医疗调解模式的说法正确的是 （　　）
   A. 宁波市医调会于 2008 年 2 月 29 日挂牌成立
   B. 医调会由委员三至九人组成，医疗纠纷人民调解员由医调会委员和医调会聘任的人员担任

C. 宁波市的公立医疗机构必须参加医疗责任保险，其他医疗机构可自愿参加，医疗责任保险费从医疗机构业务费中列支

D. 医调会与卫生行政部门之间不存在隶属关系

◆ 简答题

1.人民调解委员会的模式探究对于实践中解决医疗纠纷问题具有什么促进作用？请谈一下你的看法。

参考答案

四、医疗纠纷人民调解的作用和优势

◈ **知识点提炼**

医疗纠纷人民调解的作用和优势

◈ **知识点详解**

医疗纠纷人民调解的作用和优势 构建和谐的医患关系，维护医患双方的合法权益，维持正常的医疗秩序，实现病有所医，是以改善民生为重点的社会建设的重要内容，是构建社会主义和谐社会的需要。近年来，随着我国经济、社会、文化等各项事业的快速发展，人民群众不断增长的医疗服务需求与医疗服务能力、医疗保障水平的矛盾日益突出，人民群众对疾病的诊治期望与医学技术的客观局限性之间的矛盾也日渐增加，医患纠纷呈频发态势，一些地方甚至出现了因医疗纠纷引发的群体性事件，严重影响医疗秩序和社会稳定。因此，贯彻"调解优先"原则，引入人民调解工作机制，充分发挥人民调解工作预防和化解矛盾纠纷的功能，积极参与医疗纠纷的化解工作，对于建立和谐的医患关系、更好地维护社会稳定具有十分重要的意义。

五、医疗纠纷人民调解的实施现状

◈ **知识点提炼**

　　医疗纠纷人民调解制度的发展

◈ **知识点详解**

　　医疗纠纷人民调解制度的发展　　随着《医疗纠纷预防与处理条例》及其他相关规范性文件的相继颁布和实施，我国医疗纠纷人民调解制度逐渐建立并走向成熟。总体而言，我国医疗纠纷人民调解制度在以下三个方面取得了显著进展。

　　一是确立了层级化的规范依据。2010 年 8 月 28 日通过的《人民调解法》正式将人民调解作为法制框架内的纠纷解决机制。同年，司法部、卫生部、保监会联合发布《关于加强医疗纠纷人民调解工作的意见》，强调以人民调解模式化解医疗纠纷。2018 年 10 月《医疗纠纷预防和处理条例》的出台进一步确立了医疗纠纷人民调解机制的法律地位。2019 年 3 月中华全国人民调解员协会颁布并施行《医疗纠纷人民调解指引（试行）》，该指引进一步细化了医疗纠纷人民调解的实施细节。

　　二是设立了专门的调解主体。《医疗纠纷预防与处理条例》第三十二条规定，设立医疗纠纷人民调解委员会，应当遵守《人民调解法》的规定，并符合本地区实际需要。医疗纠纷人民调解委员会应当自设立之日起 30 个工作日内向所在地县级以上地方人民政府司法行政部门备案。实践中，调解委员会并不像法官一样需要保持相对中立的诉讼地位，除维持秩序以使调解得以顺利进行外，调解委员会还要负责专业意见的提供、双方分歧的斡旋，甚至有权决定终止调解程序。

　　三是设置了规范的调解程序。《医疗纠纷预防与处理条例》第三十一条规定，申请医疗纠纷人民调解的，由医患双方共同向医疗纠纷人民调解委员会提出申请；一方申请调解的，医疗纠纷人民调解委员会在征得另一方同意后进行调解。申请人可以以书面或者口头形式申请调解。书面申请的，申请书应当载明申请人的基本情况、申请调解的争议事项和理由等；口头申请的，医疗纠纷人民调解员应当当场记录申请人的基本情况、申请调解的争议事项和理由等，并经申请人签字确认。医疗纠纷人民调解委员会获悉医疗机构内发生重大医疗纠纷，可以主动开展工作，引导医患双方申请调解。当事人已经向人民法院提起诉讼并且已被受理，或者已经申请卫生主管部门调解并且已被受理的，医疗纠纷人民调解委员会不予受理，已经受理的终止调解。在调解程序逐步规范后，医疗纠纷人民调解成为主要调解渠道。

第三章　司法调解

一、司法调解的概念性质

◈ **知识点提炼**

司法调解

◈ **知识点详解**

司法调解　指民事案件在人民法院审判组织主持下，诉讼双方当事人平等协商，达成协议，经人民法院认可，以终结诉讼活动的一种结案方式。法院调解包括两方面的含义：一是指人民法院审判组织在审理案件过程中，对当事人进行法制宣传教育和思想疏导工作的活动；二是指人民法院依照民事诉讼法的规定，进行诉讼活动，行使审判权，审结案件的一种方式。

法院的调解充分表现了公权力和私权力有机的结合，一方面，法官作为中立的第三人介入调解过程，使调解达成的协议具有一定的强制力；另一方面，调解协议的产生又是双方当事人合意的结果，使调解协议有利于当事人的接受。同审判比较而言，调解具有其独特的司法救济价值。

◈ **选择题**

1. 司法调解的特点有　　　　　　　　　　　　　　　　　　　　　　（　　　）

　　A. 司法调解具备公权力和私权利的结合特点

　　B. 司法调解达成的调解协议具备强制力

　　C. 司法调解具有解决问题的终局性特点

　　D. 司法调解达成的调解协议可以基于一定原因反悔

参考答案

二、司法调解的法律依据

◆ **知识点提炼**

　　司法调解的法律依据

◆ **知识点详解**

　　司法调解的法律依据　　为了保证人民法院正确调解民事案件，及时解决纠纷，保障和方便当事人依法行使诉讼权利，节约司法资源，根据《中华人民共和国民事诉讼法》（以下简称《民事诉讼法》）等法律的规定，结合人民法院调解工作的经验和实际情况，制定了《最高人民法院关于人民法院民事调解工作若干问题的规定》，为司法调解提供了法律依据。

　　第一条　　根据民事诉讼法第九十五条的规定，人民法院可以邀请与当事人有特定关系或者与案件有一定联系的企业事业单位、社会团体或者其他组织，和具有专门知识、特定社会经验、与当事人有特定关系并有利于促成调解的个人协助调解工作。

　　经各方当事人同意，人民法院可以委托前款规定的单位或者个人对案件进行调解，达成调解协议后，人民法院应当依法予以确认。

　　第二条　　当事人在诉讼过程中自行达成和解协议的，人民法院可以根据当事人的申请依法确认和解协议制作调解书。双方当事人申请庭外和解的期间，不计入审限。

　　当事人在和解过程中申请人民法院对和解活动进行协调的，人民法院可以委派审判辅助人员或者邀请、委托有关单位和个人从事协调活动。

　　第三条　　人民法院应当在调解前告知当事人主持调解人员和书记员姓名以及是否申请回避等有关诉讼权利和诉讼义务。

　　第四条　　在答辩期满前人民法院对案件进行调解，适用普通程序的案件在当事人同意调解之日起 15 天内，适用简易程序的案件在当事人同意调解之日起 7 天内未达成调解协议的，经各方当事人同意，可以继续调解。延长的调解期间不计入审限。

三、司法调解的主要模式

◈ **知识点提炼**

诉前调解　诉中调解

◈ **知识点详解**

诉前调解　诉前调解包括两种情形，一为不具有法院审理性质，即由在法院立案庭设立的人民调解工作室来调解；一为具有法院审理性质，即由法院立案庭的法官来调解，或法官与人民陪审员、人民调解员共同进行调解。诉前调解主要优点如下。

一是节约时间。对于简单案件，法院适用简易程序审理一般需要三个月；如案情复杂，法院适用普通程序审理则需要六个月；复杂疑难案件的审理时间可能会更长。如果裁判后一方当事人不服提起上诉，二审法院还要经过几个月的审理。诉讼人拿到二审法院的生效判决书后，还要经过强制执行程序才能最终达到诉讼目的。这漫长的诉讼过程将会耗费大量的时间和精力。而诉前调解工作一般只需要一个月左右的时间，如果调解成功，无疑会大大提高解决问题的效率。

二是节约费用。法院受理每起案件后都会根据规定按诉讼标的的比例收取相应的诉讼费用，而大部分诉前调解工作都是公益性的，不收取任何费用，少部分诉前调解工作也只收取不高于诉讼费一半的费用。

三是增强司法亲和力。医疗纠纷的诉前调解的调解人与当事人之间属于平等的民事主体关系，由于诉前调解在立案后、执行前进行，与其说调解主持人是法官，不如说其更符合民间调解人的角色特征。非裁判者的身份使纠纷的解决脱离审判的影响，当事人之间的合意对于纠纷的解决具有决定性意义，不会出现"以判压调"的现象，有利于改善司法的社会效果，加强司法与社会实践的联系。

四是快速履行。经过调解和协商达成的协议，对方通常会自动履行，免去了强制执行的过程；如果担心对方不履行协议，可以申请人民法院对调解协议进行司法确认，赋予调解协议强制执行力，以确保协议能得到执行。

虽然医疗纠纷诉前调解在实践中发挥重要作用，受到社会各界的广泛好评，但诉前调解作为一种新生事物，不可避免带有一些缺陷，主要有以下几点。

一是缺乏必要的法律依据。我国现行的《民事诉讼法》对调解制度的规定仅限于诉讼调解，诉前调解本身并非在法院的职权范围之内，法院在诉前对医疗纠纷进行调解处于法律真空阶段，且各个法院尚未统一诉前调解程序，长此以往不利于我国医疗纠纷诉讼调解机制的规范和发展。

二是存在拖延诉讼及妨碍诉权行使的风险。如果将医疗纠纷诉前调解制度广泛应用于司法实践中，各个法院在结案压力下，为了追求和解率或调解率，很可能拖延医疗纠纷案件审理，如此不但不能解决医疗纠纷，还会加重当事人的压力和负担。

三是医疗纠纷诉前调解还会遭遇来自法院内部和社会的各种实际障碍，主要包括：（一）法院的业绩评价体系以结案量为基本依据，诉前调解所体现的社会效果难以在这一评价体系中得以呈现，因此，无论从自身职责还是个人利益出发，法院都无法积极主动推进诉前调解。（二）由于各地经济发展极不均衡，诉讼收费在很多地区仍然是地方政府财政的重要来源，有一部分法院甚至以诉讼收费来维持基本运行，甚至不得不积极揽讼。因此，诉前调解虽有诸多优势，但并非所有法院都能在短时间内转变司法习惯，引导当事人通过诉讼之外的手段解决纠纷。

诉中调解　案件已经正式立案的，在案件审理过程中则可以进行诉中调解。通常案件在法院开庭时，或庭审辩论结束前，法官会询问当事人是否接受调解。如接受，则会进行诉中调解流程。此时，法官已经通过诉讼程序对案件事实有了基本的掌握，更有利于在调解过程中掌握尺度，得出更符合各方当事人利益的调解方案。这样可以简化诉讼程序，预防矛盾激化，利于消除双方在诉讼过程中的对立情绪。

◆ 选择题

1. 医疗纠纷司法调解模式主要有　　　　　　　　　　　　　　（　　）
   A. 诉前调解　　　　　　　　　　B. 诉中调解
   C. 诉后调解　　　　　　　　　　D. 执行调解

2. 下列关于诉前调解说法正确的有　　　　　　　　　　　　　（　　）
   A. 可以由在法院立案庭设立的人民调解工作室来调解
   B. 可以由法院立案庭的法官来调解或法官与人民陪审员、人民调解员共同来进行调解
   C. 可以申请人民法院对调解协议进行司法确认
   D. 经法院确认的司法调解协议可以申请强制执行

3. 下列关于医疗纠纷诉讼调解的说法正确的有　　　　　　　　（　　）
   A. 诉讼调解是在人民法院主持下的调解活动
   B. 诉讼调解的主体是人民调解工作室
   C. 诉讼调解结果具有强制执行力
   D. 诉讼调解完全由双方当事人自主协商

◆ 简答题

1. 司法调解模式相对于人民调解委员会调解和医务部调解具备什么优势？

参考答案

四、司法调解的作用优势

◆ **知识点提炼**

司法调解的作用优势

◆ **知识点详解**

司法调解的作用优势 司法调解有利于促进社会的安定团结，有效地防止"民转刑"案件的发生。民商事案件的当事人之间往往有着千丝万缕的联系，解决纠纷后仍然要在一起工作或生活。司法裁判针对的仅仅是个案，主要目的是分清是非，划分责任，易导致矛盾激化，不能根除矛盾，化解纠纷。而司法调解是通过做深、做透当事人的思想工作，彻底消除矛盾，解除心结，理顺社会关系。

司法调解有利于体现当事人平等主体的地位，创造和谐的气氛。司法调解作为重要的诉讼机制，使诉讼更加人性化，诉讼当事人可以平等地协商，自主选择。当事人对纠纷的真相和自己的利益所在十分清楚，自愿选择的处理结果，应当最符合他们自己的利益需求，也最接近当事人追求的实体公正，调解结案更符合司法公正的实质要求。

司法调解有利于体现法官居中的作用，增强司法公开的透明度。法官保持中立的立场，依法分别做双方当事人的思想工作，促使双方当事人互谅互让，从而实现当事人利益最大化。而且调解内容不受诉讼请求范围的限制，有利于促成当事人一并解决纠纷的相关事项，彻底化解矛盾。

司法调解有利于提高司法效率，节约司法资源。调解一起案件可能要投入大量的时间和精力，但减少了不必要的诉累。案件调解结案后，双方当事人通常不上诉、不申请再审、不再上访，解除了很多后顾之忧，既稳定了社会，又节约了司法资源，且在一定程度上提高了司法效率。

◆ **选择题**

1. 司法调解的优势表现为 （ ）

A. 司法调解有利于促进社会的安定团结，有效地防止"民转刑"案件的发生

B. 司法调解有利于体现当事人平等主体的地位，创造和谐的气氛

C. 司法调解有利于体现法官居中的作用，增强司法公开的透明度

D. 司法调解有利于提高司法效率，节约司法资源

◈ 案例题

1.惊蛰得了胃病，在谷雨医院接受了治疗，但是医院在治疗过程中，没有详细告知其术后需要注意事项，手术过程中也并未详细告知后果。术后，惊蛰发现自己吃什么肠胃都痛，经夏至医院诊断为术后感染，肠胃积聚了大量病菌。惊蛰及其家属认为谷雨医院手术存在过失且没有详细告知术后护理流程。

问：惊蛰如果提请司法调解解决问题，应该遵循怎样的流程？

参考答案

第四篇

医疗纠纷调解的技巧与
调解协议的书写要点

第一章　医疗纠纷调解的技巧

一、强调事先预防

◈ **知识点提炼**

进行事先预防

◈ **知识点详解**

进行事先预防

1. 收集医疗质量信息，预防纠纷发生

调解的过程中应考虑纠纷发生的背景，但纠纷发生的背景常常由多种因素构成，可能是患者对医院收费项目不理解，也可能是患者对医护人员的工作态度不满意。因此，在调解过程中，调解员有必要收集各方面医疗质量信息，促进双方沟通，若发现引起纠纷的原因系医疗质量问题，则可以在处理好纠纷后，督促院方改进其诊疗过程的不足，完善日常管理工作，提高日常管理水平，减少日后医患纠纷发生的数量。诉讼具有对抗性的特点，一般难以真正涉及医患双方的情感沟通，从而使院方丧失了通过沟通交流累积经验、吸取教训的机会，而调解"柔性化"的特点则提供了这样的可能。

2. 收集患者相关信息，预防纠纷发生

患者群体基数庞大、人员混杂，在接受诊疗的过程中，不同患者与院方发生医患冲突的概率也各不相同，因此有必要事先收集患者的个人信息，做好预防。例如，患者家庭经济状况、对治疗效果的期望值、有无医保、是否系经熟人介绍入院等问题都可在调解阶段重点关注，及时与患者家属做好沟通、管理工作，取得患方的信任，将冲突化解在萌芽阶段。

◈ **选择题**

1. 发生医疗纠纷时，医患双方可以采取以下哪些途径解决纠纷？　　　（　　　）

    A. 双方自愿协商　　　　　　B. 申请人民调解

    C. 申请行政调解　　　　　　D. 向人民法院提起诉讼

2. 关于医疗纠纷的防范，下列做法正确的是　　　　　　　　(　　)

    A. 收集患者家庭状况和患者有无医保等相关信息

    B. 对于经济条件较好的患者，可以多开检查单，使用昂贵的药物

    C. 由调解员收集医疗质量信息，促进医患双方妥善沟通

    D. 有创操作不需要提前告知患者

◆ 案例题

    1. 甲在乙医院产下孩子 A，产后体检时发现孩子 A 先天性前臂屈曲畸形，而甲产前在丙医院做超声检查时，对胎儿先天缺失检查的结果为正常。该先天畸形虽然可以在幼儿的成长过程中通过先进治疗方式逐步缓解症状，但是甲认为这不仅给家庭带来了精神痛苦，也会给家庭带来沉重的经济负担。为此，甲要求丙医院承担相应的法律责任。

    问：调解员在调解过程中应事先收集哪些信息？

参考答案

调解实例

二、把握患方的心态

◈ **知识点提炼**

把握患方情绪

◈ **知识点详解**

把握患方情绪

医患纠纷发生后，在患者同意参加调解时，调解员应积极把握患方的心态，以促成调解的成功。

1. 尊重患方情绪，避免更大的对立

无论医患纠纷的成因是什么，调解时一般都已经面临治疗效果不理想的局面，因此作为调解员应理解患者知晓治疗结果后的情绪，并思考如何减轻患者的不良情绪。若调解员一味地强调治疗过程无过错，可能会加深患者对院方的不良印象，同时导致患者改变态度，拒绝调解。因此调解员应该尊重患方情绪，并提示院方尊重患方情绪，避免引起更大程度的对立。

2. 风险预判，满足患方的决策权心理

患者既然同意参与调解，当然是希望通过调解得到满意的结果，此时患者的心理需求就是参与决策。虽然调解的达成取决于患方，但实际上调解员对患者决策起到了极大的影响作用。调解员作为医患纠纷调解领域的专业工作者，具有丰富的调解经验，可以借助患者的信任，针对案件情况，告诉患方若本案通过法院判决可能得到怎样的结果，以及调解的优势，并建议调解方案。这样既为患者提供了有效的信息，又满足了其决策心理，有助于调解协议的达成。一般来说，患者参与决策的程度越高，满意度越高，后续反悔的可能性就越低。

◈ **选择题**

1. 在医患纠纷发生以后，调解员下列做法正确的是　　　　　　　　　　（　　）

　　A. 对于患者的情绪不予理睬，强调医院在治疗过程中无过错

　　B. 为患者进行利弊分析，告诉患者调解的优势

　　C. 列举医患纠纷相关案例，分析法院可能的判决结果

　　D. 对上门求助的患者讽刺挖苦，认为其无理取闹

2. 解决医患纠纷的基本原则有　　　　　　　　　　　　　　　　　　　（　　）

　　A. 平等原则　　　　　　　　　　　　B. 沟通原则

　　C. 诚信原则　　　　　　　　　　　　D. 同情原则

◆ **案例题**

1. 患者邱某晨，1 岁，因发热 39.2℃，于 2019 年 2 月 8 日在来宾市兴宾区某镇中心卫生院诊治，值班医生接诊了邱某晨，经检查只是低热，未发现有其他并发症，于是值班医生做了常规处理，打退烧针。患者在返家的途中发生抽搐、体颤等反常症状，即刻返回某镇中心卫生医院复诊，该院立即办理手续转院兴宾区某乡卫生院，而后又转院来宾市人民医院。患者现已康复出院。由于在治疗过程中出现异常情况，双方当事人因诊治问题发生纠纷，双方交涉无果，遂要求本乡镇人民调解委员会予以调解。

问：若你作为调解员，在调解过程中会采取怎样的方式促成调解？

参考答案

调解实例

三、选择有效的沟通方式

◆ **知识点提炼**

有效的沟通方式

◆ **知识点详解**

有效的沟通方式　与患者或家属沟通时应尊重对方，耐心倾听对方的诉说，同情患者的病情，表示愿为患者奉献爱心，并本着诚信的原则，坚持做到以下几点。

1. 注重倾听

多倾听患者及家属的诉说，接受患者及家属的宣泄，让患者对自己的病情尽可能作出准确的描述和解释。

2. 挖掘信息

事前了解患者的病情、检查结果、治疗情况及医疗费用支出情况，通过沟通掌握患者及家属的心理状况。

3. 用语谨慎

沟通时应避免使用激烈的语气及语调，避免使用患方听不懂的专业词汇，切忌刻意改变患方的观点或要求患方立即接受医师的意见。

4. 学习特殊沟通方式

与有语言障碍、听力障碍的患方沟通时，应尽可能配备翻译人员，调解员也应学习手语等特殊的沟通方式，促进沟通的效率。

◆ **选择题**

1. 沟通的三大要素是指　　　　　　　　　　　　　　　　　　（　　）

    A. 一定要有一个明确的目标

    B. 语言和肢体语言的相互配合

    C. 达成共同的协议

    D. 沟通信息、思想和情感

2. 良好的医患沟通能够融洽医患关系，以下说法中不准确的是　　（　　）

    A. 沟通使医患形成共同认知

    B. 沟通使医患建立情感联系

    C. 沟通使医患满足相互尊重的需要

    D. 沟通使患者获得应得的利益

3. 医患沟通中应该避免下列哪些方式？ （　　）

    A. 讲话过分简单，形式化表达

    B. 过分夸大病情，使病人及家属丧失信心

    C. 不考虑病情的复杂性，对病情的描述轻描淡写

    D. 病情的描述过于专业化，使病人及家属无法理解

3. 医患沟通的基本方式有 （　　）

    A. 床旁沟通   B. 预防性沟通

    C. 分级沟通   D. 集体沟通

◆ 案例题

1. 患者李先生，42岁，因胸痛到市人民医院求医治疗。李先生在医院缴费窗口排队缴费时，因疼痛瘫倒在地上，监控视频显示李先生瘫倒在地后，该医院身穿白大褂的医护人员从旁经过而无作为。3分钟后，李先生才被该院医护人员抬到急诊室抢救，后经抢救无效死亡。门（急）诊病历载明："约3分钟前患者因胸痛在我院候诊时突发意识不清，瘫倒在地，呼之不应，伴小便失禁，无呕吐，无抽搐，目击者发现后遂呼我科人员抢救。诊断：猝死。"

患者家属认为，李先生在该医院就诊时，瘫倒在地长达3分钟却无人进行及时有效的救治，延误了最佳抢救时间，要求医院赔偿各项损失共计38万余元。

问：若你作为调解员，在本案的调解中，你将如何与患方沟通？

参考答案

调解实例

四、控制患方不合理的期待值

◆ **知识点提炼**

患方不合理的期待值产生原因　如何控制患方不合理的期待值

◆ **知识点详解**

患方不合理的期待值产生原因　病人在患病期间，由于较差的身体状态，面临失去健康的威胁，再加之自身对医疗知识的极度匮乏和现代越来越发达的医疗科技设备手段的表象，往往会对医方倾注自己理想化的期望与全部的信任。但实际上，且不谈医学发展水平在客观上的有限性，仅就医疗过程的复杂性、多变性、医患双方互动性、副作用不可避免性和后果不确定性等特点而言，患者的期望与实际的疗效也会存在差异。因此，一旦发生不可预见的后果，患者往往首先考虑的是医院或医护人员没有尽心尽力，或认为是医护人员的责任事故，而这些因素导致医疗纠纷不断发生，甚至出现聚众闹事要求赔偿的情况。

另外，由于对医学本身不了解，患方普遍存在对医疗服务期望值过高的现象，对于不良的疾病预后难以接受，医患间对疾病本身及预后常难以达成共识。医保覆盖程度及支付比例有限、医疗费用上涨等，给患方造成较大经济负担，如疾病预后欠佳，甚至会出现人财两空的状况，患方往往难以接受。在被直接、间接恶化的医师职业形象背景下，患方对医方"将信将疑"，如有不良预后出现，患方易将不良后果归于医方赚了"黑心钱"所致。

如何控制患方不合理的期待值　在调解时，调解员在保障患者应享有合法权益的前提下，有必要适当控制患方不合理的期待值，主要有以下几种方法。

1. 打破患者的心理预期

调解员需要帮助患者认清案件事实，根据事实进行纠纷解决方案的风险评估，让患者的期待值保持在一个合理的范围内。调解员要防止当事人被锚定效应的心理偏见影响。心理学认为，人们的决策容易受锚定效应的心理偏见影响，从而被第一印象支配。因此，调解员在调解时要打破锚定效应给当事人心理带来的不良预期，防止这种不良预期给调解过程带来负面影响。

2. 消除第三方力量的影响

在调解中，代理律师的支持、亲友的支持等都可能导致患者形成过高的期待值。一般情况下，由于患者的医学知识和法律知识都比较欠缺，一旦发生纠纷倾向于委托律师或者寻求亲友的帮助，第三方力量的介入往往会影响患者的期待值。若要调解成功，调解员必须化解这些力量。例如，可以与患者代理律师沟通，逐步降低期待值，通过向患方展示案例大数据降低患方对赔偿金额的心理预期等。

◆ 选择题

1. 控制患者不合理的期待值有以下哪几种方法? （　　）

    A. 打破患者的心理预期　　　　　　B. 竭力肯定患者的疾病会被治愈

    C. 消除第三方力量的影响　　　　　D. 提高医疗费用

2. 在下列方法中，调解员应该采取哪几种方法消除第三方力量对患者的影响?

                                                     （　　）

    A. 夸大医院对病情的治疗效果，让患者放心在医院接受治疗

    B. 积极与患者代理律师沟通，陈述患者的病情及治疗中的不确定因素

    C. 利用大数据图表，客观分析患者病情的大致趋势

    D. 对患者亲友承诺，患者接受治疗后病情将会痊愈

◆ 案例题

1. 2008 年 6 月 25 日，王某因右前臂受伤入住某医院行"右尺桡骨骨折切开复位内固定术"。后摄片检查显示王某右尺桡骨中段骨折内固定手术后骨不连，钢丝嵌入骨折端及钢板螺丝钉断裂，在 2010 年 3 月 2 日行"切开内固定，病灶清除＋骨折复位植骨内固定"。2010 年 3 月 14 日王某出院，出院诊断为：术后骨不连内固定断裂。王某认为医院植入的钢板螺钉质量不合格，故起诉要求医院承担二次手术的相关费用并赔偿误工费、护理费、精神损害赔偿金共计 46 万元。

    问：若你作为调解员，你将采用怎样的调解方案降低患方对赔偿金额的期待值?

参考答案

调解实例

五、"面对面"与"背靠背"结合

◆ **知识点提炼**

民事调解方式　面对面调解　背靠背调解　调解方式如何选用

◆ **知识点详解**

　　民事调解方式　指调解人员在调解纠纷的过程中所采用的具体形式。结合实践经验，常用的调解方式有四种：面对面调解、背靠背调解、反复交谈调解和公开调解。调解方式的选择要根据不同案件的性质、种类、情节、严重复杂程度和当事人的思想状况而定，注意区别对待，对症下药。这里我们主要解读面对面调解和背靠背调解。

　　面对面调解　是指调解人员将纠纷双方当事人召集在一起，进行说理、协商，主持调解他们之间的纠纷。面对面调解普遍适用于以下情况。

　　（1）情节比较简单的纠纷。这类纠纷事实清楚，经说服教育，当事人能够认清是非曲直，使矛盾得到解决。

　　（2）双方当事人情绪比较平稳，能理性地选择解决问题的方案。

　　若调解过程中，医患双方出现激烈的冲突，调解无法继续的，调解员应立即结束"面对面调解"，选择其他调解方式。

　　背靠背调解　又称"个别调解"，是指调解人员根据掌握的事实，通过分头做工作，了解双方的真实意图，个别进行说服教育，听取当事人对案件的主张，着重做好化怨解结工作，并成为当事人之间相互沟通谅解的桥梁，促使当事人自行和解。这种方式主要适用于当事人之间对立情绪比较严重，面对面调解可能使当事人相互顶撞导致矛盾进一步扩大的纠纷。

　　调解员可以先行安排单方调解，与患者单独交谈，从中获知患方的需求，帮助患方分析其赔偿数额的合理性，在充分了解患方需求并待患方恢复情绪后再引入医方进行联合调解。

　　背靠背调解有利于消除当事人之间的对立情绪，端正当事人的认识，放弃不正当的要求，并可使当事人的隐私不致张扬出去，使他们消除顾虑。

　　调解方式如何选用　对于调解应当采取"面对面"还是"背靠背"的问题，理论界一直存在争议，各国立法也不尽一致。如日本的劝告和解采取交替面谈的方式，就属于背靠背调解。我国《最高人民法院关于人民法院民事调解工作若干问题的规定》则明确，调解时当事人各方应当同时在场，根据需要也可以对当事人分别做调解工作。

但背靠背调解方式在一段时期内，曾被作为调解方式中的反面典型而予以批判。持此观点者认为，该调解方式不公开、不透明，对调解的双方当事人有"蒙骗"之嫌，有违调解的合法自愿原则。这其实是对背靠背调解方式的片面理解。诚然，在"背靠背"的调解过程中，调解人员固然存在将双方当事人隔离开来，通过各个劝说逐步缩小双方意见差距的情况，但该调解方式并不等同于对一方当事人说一套，对另一方当事人又说一套的调解方法。背靠背调解的出发点是为了公平地促进双方达成一致，而不是为了强迫诱使当事人调解。许多案件在调解过程中，由于当事人双方本身就已存在情感冲突，有时在受到来自对方或其他方面不良信息的刺激后，极易使冲突进一步升级或矛盾进一步恶化。此时，调解人员就要通过各个劝说的方法，逐步缩小双方意见差距，待当事人情绪稳定下来后再促成双方调解协议的达成。不过，背靠背调解到一定程度后，调解人员最终还是要组织双方面对面地将调解方案确定下来，背靠背只是调解过程中的一个环节而已。

◆ 选择题

1. 在下列方法中，可以用于调解医患纠纷的是　　　　　　　　　　（　　）

    A. 面对面调解　　　　　　　　　　B. 背靠背调解

    C. 反复交谈调解　　　　　　　　　D. 公开调解

2. 面对面调解的适用情况有　　　　　　　　　　　　　　　　　（　　）

    A. 情节比较简单的纠纷　　　　　　B. 双方当事人情绪平稳，能够理性思考

    C. 纠纷涉及面较广、影响较大　　　D. 双方当事人对立情绪严重

3. 在出现医患纠纷时，下列说法正确的是　　　　　　　　　　　（　　）

    A. 当医患双方出现激烈冲突时，采用面对面调解解决纠纷

    B. 调解员可以采用背靠背调解，对患者进行个别说服教育

    C. 医患间矛盾突出时，采用背靠背调解解决纠纷

    D. 在医患双方都较为冷静的情况下，采用面对面调解解决纠纷

◆ 案例题

1. 患者秦某，男，53岁，2017年4月29日因身体右侧发麻前往南昌县某医院住院治疗。入院后，院方根据患者以往病史以及胸部CT、核磁共振等进一步检查确认是脑梗，16时15分给予阿替普酶静脉溶栓治疗。16时45分患者出现牙出血，院方短暂停止溶栓后于16时50分继续溶栓。17时10分患者开始神志不清，对呼叫无应答，院方向患者家属交代病情危重。5月27日，患者因脑梗抢救无效死亡。

患者家属认为医院在诊断治疗方面存在失误，没有对患者进行及时有效的治疗，导致患者死亡。一是在实施抢救过程中未尽到告知义务，在患者出现牙出血、神志不清情况后，没有征询家属意见，擅自决定继续用药。二是医院多次催促家属缴费，而在家属去缴费的时间内，患者身边并无医生、护士观察陪护，任由患者病情发展，直接导致患者死亡。因此，患者家属认为医院应承担全部责任。事情发生后，院方

提出赔偿患者家属2万元至10万元之间的金额，患者家属不同意，情绪激动，在医生值班室破口大骂，引起群众围观，造成医院秩序混乱，其他病人无法正常就诊。

情况发生后，县医调中心调解员第一时间赶到现场。

问：若你作为调解员，你将采取何种调解方式化解本案纠纷？

参考答案

调解实例

第二章 调解协议的书写要点

一、必备条款及任意条款

◆ **知识点提炼**

必备条款　任意条款

◆ **知识点详解**

必备条款　医患双方调解的成果最终将体现在调解协议上，在撰写调解协议时应注意必须具备以下条款。

1.平等自愿条款

医患双方在_____医患纠纷人民调解委员会委派的_____调解员的主持下，基于平等自愿、公平合理的原则达成本调解协议，双方均认可本调解协议的法律效力。

2.生效条款

调解协议于患者本人或者患者授权的家属或者患者第一顺位继承人（患者死亡的情况下）或者经上述主体授权的代理人与医疗机构法定代表人、负责人或者经授权的代理人签字时生效。

3.权利放弃条款

本调解协议生效并履行后，医患双方的_____再无其他争议，患者及家属不得以任何形式和理由就本案向_____医疗机构/医院再次提出本协议以外的其他要求。

4.因违反协议而产生的费用条款

医患双方因违反本协议导致诉讼或者仲裁程序，案件的败诉方必须承担胜诉方的律师费及其他合理费用支出。

5.赔偿（补偿）条款

医方向患方支付_____元（人民币），含医疗费、护理费、住院伙食补助费、营养费、交通费、死亡赔偿金或伤残赔偿金、鉴定费、精神损害抚慰金。

任意条款　以下任意条款，若有必要，也可作为调解协议的一部分。

1.无自认或承认条款

本协议的签订和履行，以及本协议达成过程中的任何陈述、表达、文字均不得被视为一方对另一方主张的自认或承认。本协议的签订和履行，以及本协议达成过程中的任何陈述、表达、文字均不得作为将来诉讼的证据，不得在任何民事或者刑事程序中被提出。

2.保密条款

调解和本协议达成、签署过程中当事人所做的任何陈述和传递的任何信息都必须保密，除非双方当事人书面同意公开信息。双方通过调解达成争议解决的事实本身不在保密范围内。

◈ 选择题

1. 下列属于调解协议书中必备条款的是 （　　）
   A. 生效条款 　　　　　　　　　　　B. 权利放弃条款
   C. 赔偿条款 　　　　　　　　　　　D. 保密条款

2. 在下列调解协议书的条款中，哪些条款是适当的？ （　　）
   A. 医患双方因违反本协议导致诉讼或者仲裁程序，案件的败诉方必须承担胜诉方的律师费及其他合理费用支出
   B. 医患双方在基于平等自愿、公平合理的原则达成调解协议
   C. 协议达成、签署过程中当事人所做的任何陈述和传递的任何信息都必须保密
   D. 调解协议于患者本人或者患者授权的家属或者患者第一顺位继承人或者经上述主体授权的代理人与医疗机构法定代表人、负责人或者经授权的代理人签字时生效

◈ 案例题

1. 患者黄某琴，女，45 岁，宁波象山人，邻居见其脸色蜡黄，建议其到医院检查。2016 年 6 月 27 日早上，黄某琴按惯例骑三轮车载着其女儿（尿毒症病人）到县人民医院做血透治疗，同时自己就诊，除向医生诉脸色蜡黄外，未诉其他不适。经血、尿常规检查，尿常规示正常，血常规示血红蛋白 36g/L，白细胞数正常，提示重度贫血，医生建议其住院治疗，但患者考虑到经济原因拒绝住院，遂给予口服补血药物治疗。患者于 6 月 27 日晚上晚饭后出现胸闷、气逼症状，电话告知在工厂值晚班的丈夫，其丈夫建议至当地个体诊所医生处就诊，但患者未就诊。晚上患者胸闷、气逼症状逐渐加重，至 6 月 28 日早上待其丈夫下班回家后才将其送往县医院。送院途中患者丈夫见其胸闷、气逼严重，电话告知县医院医生，医生即赶到住院部一楼将其接诊至内一科抢救室。入科时，患者神志模糊，呼吸急促，口唇发绀，查体双肺可闻及大量湿性啰音，心率 130 次 / 分，心音偏低，血氧饱和度为 70%，给予吸氧、建立静脉通道、强心、利尿等治疗。9 点 50 分，患者血氧下降，给予呼吸兴奋

剂治疗，后呼吸停止，立即行心肺复苏。9点53分查体患者双侧瞳孔散大固定，对光反射消失，无自主心率及呼吸，继续心肺复苏，约10点30分抢救无效，宣布死亡。医患双方就上述事件产生医患纠纷。

上述纠纷发生后，县医调中心、县卫计委、县政法委、县司法局多方协调，做通了死者家属的工作，让他们接受走法律途径的建议。为明确患者死亡原因，经协商于2016年6月28日晚委托南昌大学医学院病理与法医学系为死者进行尸检。

2016年7月18日，南昌大学医学院病理与法医学系出具的尸检报告显示：患者黄某琴死亡原因为患双侧大叶性肺炎（灰色肝样变期）导致急性呼吸循环衰竭，其所患高血压性心脏病可加重心肺负荷，对死亡起辅助促进作用。死者家属接受尸检结果，对医方的医治过程不再提出异议。

问：请根据调解结果为医患双方起草一份调解协议。

参考答案

二、赔偿项目的计算

◆ **知识点提炼**

医疗损害赔偿纠纷的赔偿项目　各赔偿项目的计算标准

◆ **知识点详解**

医疗损害赔偿纠纷的赔偿项目　依据《民法典》《最高人民法院关于审理人身损害赔偿案件适用法律若干问题的解释》《最高人民法院关于确定民事侵权精神损害赔偿责任若干问题的解释》等相关法律法规的规定，包括以下项目。

1. 医疗费

根据医疗机构出具的医药费、住院费等收款凭证，结合病历和诊断证明等相关证据确定。医疗费的赔偿数额，按照调解时实际发生的数额确定，也可以双方协商后续治疗费。

2. 误工费

根据受害人的误工时间和收入状况确定。误工时间根据受害人接受治疗的医疗机构出具的证明确定。受害人因伤致残持续误工的，误工时间可以计算至定残日前一天。受害人有固定收入的，误工费按照实际减少的收入计算；受害人无固定收入的，按照其最近三年的平均收入计算；受害人不能举证证明其最近三年的平均收入状况的，可以参照受诉法院所在地相同或者相近行业上一年度职工的平均工资计算。

3. 护理费

根据护理人员的收入状况和护理人数、护理期限确定。护理人员有收入的，参照误工费的规定计算；护理人员没有收入或者雇用护工的，参照当地护工从事同等级别护理的劳务报酬标准计算。护理人员原则上为一人，但医疗机构或鉴定机构有明确意见的，可以参照确定护理人员人数。护理期限应计算至受害人恢复生活自理能力时止。受害人因残疾不能恢复生活自理能力的，可以根据其年龄、健康状况等因素确定合理的护理期限，但最长不超过二十年。受害人定残后的护理，应当根据其护理依赖程度并结合配制残疾辅助器具的情况确定护理级别。

4. 交通费

根据受害人及其必要的陪护人员因就医或者转院治疗实际发生的费用计算。交通费应当以正式票据为凭；有关凭据应当与就医地点、时间、人数、次数相符合。

5. 住宿费

根据纠纷发生地国家机关一般工作人员的出差住宿标准计算，凭当事人提供的发票开支。

6. 住院伙食补助费

可以参照当地国家机关一般工作人员的出差伙食补助标准予以确定。受害人确有必要到外地治疗，因客观原因不能住院的，受害人本人及其陪护人员实际发生的住宿费和伙食费，其合理部分应予赔偿。

7. 营养费

根据受害人伤残情况参照医疗机构的意见确定。

8. 残疾赔偿金

根据受害人丧失劳动能力程度或者伤残等级，按照调解所在地上一年度城镇居民人均可支配收入标准，自定残之日起按二十年计算。但六十周岁以上的，年龄每增加一岁减少一年；七十五周岁以上的，按五年计算。受害人因伤致残但实际收入没有减少，或者伤残等级较轻但造成职业妨害严重影响其劳动就业的，可以对残疾赔偿金作相应调整。

9. 残疾辅助器具费

按照普通适用器具的合理费用标准计算。伤情有特殊需要的，可以参照辅助器具配制机构的意见确定相应的合理费用标准，辅助器具的更换周期和赔偿期限参照配置机构的意见确定。

10. 被扶养人生活费

根据扶养人丧失劳动能力程度，按照调解所在地上一年度城镇居民人均消费性支出标准计算。被扶养人为未成年人的，计算至十八周岁；被扶养人无劳动能力又无其他生活来源的，计算二十年。但六十周岁以上的，年龄每增加一岁减少一年；七十五周岁以上的，按五年计算。

被扶养人是指受害人依法应当承担扶养义务的未成年人或者丧失劳动能力又无其他生活来源的成年近亲属。被扶养人还有其他扶养人的，赔偿义务人只赔偿受害人依法应当负担的部分。被扶养人有数人的，年赔偿总额累计不超过上一年度城镇居民人均消费性支出额。

11. 因康复护理、继续治疗实际发生的必要的康复费、后续治疗费

器官功能恢复训练所必要的康复费、适当的整容费以及其他后续治疗费，赔偿权利人可以待实际发生后另行起诉。但根据医疗证明或者鉴定结论确定必然发生的费用，可以与已经发生的医疗费一并予以赔偿。

12. 丧葬费

按照调解所在地上一年度职工月平均工资标准，以六个月总额计算。

13. 死亡赔偿金

按照调解所在地上一年度城镇居民人均可支配收入标准，按二十年计算。但六十周岁以上的，年龄每增加一岁减少一年；七十五周岁以上的，按五年计算。赔偿权利人举证证明其住所地或者经常居住地城镇居民人均可支配收入高于调解所在地标准的，残疾赔偿金或者死亡赔偿金可以按照其住所地或者经常居住地的相关标准计算。

14. 精神损害抚慰金

精神损害的赔偿数额根据以下因素确定。侵权人的过错程度，法律另有规定的除外；侵害的手段、场合、行为方式等具体情节；侵权行为所造成的后果；侵权人的获利情况；侵权人承担责任的经济能力；调解所在地平均生活水平。法律、行政法规对残疾赔偿金、死亡赔偿金等有明确规定的，适用法律、行政法规的规定。

15. 鉴定费

根据当事人提供的发票开支。

◈ **选择题**

1. 下列选项中，哪些属于医疗损害赔偿项目？ （ ）
   A. 医疗费 　　　　　　　　　B. 护理费
   C. 死亡赔偿金 　　　　　　　D. 被扶养人生活费
2. 下列关于误工费的说法，正确的是 （ ）
   A. 误工时间根据受害人实际未上班的时间确定。
   B. 受害人因伤致残持续误工的，误工时间可以计算至定残日前一天。
   C. 受害人有固定收入的，误工费按照实际减少的收入计算。
   D. 受害人无固定收入的，按照其最近一年的平均收入计算。
3. 李某在工地干活时，不慎从 7 楼坠下，经鉴定为伤残九级。依据我国相关法律的规定，下列属于被扶养人的是 （ ）
   A. 李某在上小学的儿子
   B. 年满 80 周岁的父母
   C. 年满 20 周岁，但是没有独立经济来源的女儿
   D. 年满 30 周岁，但是丧失劳动能力又没有其他生活来源的哥哥

◈ **案例题**

1. 2006 年 1 月 10 日，蔡某因出现咳嗽、发热、咳脓痰等症状到恩施土家族苗族自治州中心医院住院治疗，诊断为左肺癌晚期，于是转入肿瘤科放疗和化疗。自 2006 年 1 月 10 日至 2007 年 12 月 16 日，蔡某住院 8 次，期间还实施了 CT、MRI 检查。2011 年 2 月，蔡某出现发热、脓胸症状，经行胸腔引流术后效果不佳。2013 年 6 月 1 日，蔡某再次入恩施土家族苗族自治州中心医院行左肺全切手术治疗，术后对左肺进行病检，结果为左肺结核。此次手术过程中，因手术失误，造成食管瘘，同年 6 月 13 日行食管修补手术，但又失败。2013 年 9 月 26 日原告入武汉大学人民医院，于同年 10 月 17 日行食管修补手术，以结肠代食管，但该手术仍然没能起任何作用。蔡某仍需长期进行胸腔插管引流，为此蔡某又于 2014 年 5 月 17 日入住来凤县人民医院住院治疗。

蔡某于 2013 年 6 月在恩施土家族苗族自治州中心医院处行左肺全切经病检提示为左肺结核以后，才知道 2006 年所患疾病不是肺癌而是肺结核，而恩施土家族苗族

自治州中心医院在进行左肺全切时又将蔡某的食管损坏，造成食管瘘，经修补和结肠代食管手术仍无改善。为此蔡某要求恩施土家族苗族自治州中心医院作出赔偿和满意答复，但恩施土家族苗族自治州中心医院却表示不通过私下协商，只愿通过司法途径解决后按生效法律文书赔付。经双方协商和共同委托，法医鉴定蔡某食管瘘构成伤残二级、左肺全切及肺功能重度损伤构成伤残四级、双耳听力下降构成伤残五级、左胸腔引流管构成伤残八级，综合评定为伤残二级；护理依赖程度为部分护理依赖，护理赔付比例为 50%；后期冲洗、更换胸腔引流装置及预防感染费用为每天 22.28 元；恩施土家族苗族自治州中心医院的过失行为与蔡某目前状况之间有因果关系，医疗过失参与度系数值为 80%。

问：在本案中，院方需要进行医疗损害赔偿的项目包括哪些？

参考答案

附　录

《医疗广告管理办法》

第一条　为加强医疗广告管理，保障人民身体健康，根据《广告法》《医疗机构管理条例》《中医药条例》等法律法规的规定，制定本办法。

第二条　本办法所称医疗广告，是指利用各种媒介或者形式直接或间接介绍医疗机构或医疗服务的广告。

第三条　医疗机构发布医疗广告，应当在发布前申请医疗广告审查。未取得《医疗广告审查证明》，不得发布医疗广告。

第四条　工商行政管理机关负责医疗广告的监督管理。

卫生行政部门、中医药管理部门负责医疗广告的审查，并对医疗机构进行监督管理。

第五条　非医疗机构不得发布医疗广告，医疗机构不得以内部科室名义发布医疗广告。

第六条　医疗广告内容仅限于以下项目：

（一）医疗机构第一名称；

（二）医疗机构地址；

（三）所有制形式；

（四）医疗机构类别；

（五）诊疗科目；

（六）床位数；

（七）接诊时间；

（八）联系电话。

（一）至（六）项发布的内容必须与卫生行政部门、中医药管理部门核发的《医疗机构执业许可证》或其副本载明的内容一致。

第七条　医疗广告的表现形式不得含有以下情形：

（一）涉及医疗技术、诊疗方法、疾病名称、药物的；

（二）保证治愈或者隐含保证治愈的；

（三）宣传治愈率、有效率等诊疗效果的；

（四）淫秽、迷信、荒诞的；

（五）贬低他人的；

（六）利用患者、卫生技术人员、医学教育科研机构及人员以及其他社会社团、组织的名义、形象作证明的；

（七）使用解放军和武警部队名义的；

（八）法律、行政法规规定禁止的其他情形。

第八条　医疗机构发布医疗广告，应当向其所在地省级卫生行政部门申请，并提交以下材料：

（一）《医疗广告审查申请表》；

（二）《医疗机构执业许可证》副本原件和复印件，复印件应当加盖核发其《医疗机构执业许可证》的卫生行政部门公章；

（三）医疗广告成品样件。电视、广播广告可以先提交镜头脚本和广播文稿。

中医、中西医结合、民族医医疗机构发布医疗广告，应当向其所在地省级中医药管理部门申请。

第九条　省级卫生行政部门、中医药管理部门应当自受理之日起 20 日内对医疗广告成品样件内容进行审查。卫生行政部门、中医药管理部门需要请有关专家进行审查的，可延长 10 日。

对审查合格的医疗广告，省级卫生行政部门、中医药管理部门发给《医疗广告审查证明》，并将通过审查的医疗广告样件和核发的《医疗广告审查证明》予以公示；对审查不合格的医疗广告，应当书面通知医疗机构并告知理由。

第十条　省级卫生行政部门、中医药管理部门应对已审查的医疗广告成品样件和审查意见予以备案保存，保存时间自《医疗广告审查证明》生效之日起至少两年。

第十一条　《医疗广告审查申请表》《医疗广告审查证明》的格式由卫生部[1]、国家中医药管理局规定。

第十二条　省级卫生行政部门、中医药管理部门应在核发《医疗广告审查证明》之日起五个工作日内，将《医疗广告审查证明》抄送本地同级工商行政管理机关。

第十三条　《医疗广告审查证明》的有效期为一年。到期后仍需继续发布医疗广告的，应重新提出审查申请。

第十四条　发布医疗广告应当标注医疗机构第一名称和《医疗广告审查证明》文号。

第十五条　医疗机构发布户外医疗广告，应在取得《医疗广告审查证明》后，按照《户外广告登记管理规定》办理登记。

医疗机构在其法定控制地带标示仅含有医疗机构名称的户外广告，无需申请医疗广告审查和户外广告登记。

---

① 编者注：2013 年 3 月，根据第十二届全国人民代表大会第一次会议审议的《国务院关于提请审议国务院机构改革和职能转变方案》的议案，将卫生部的职责、国家人口和计划生育委员会的计划生育管理和服务职责整合，组建国家卫生和计划生育委员会；不再保留卫生部。

第十六条　禁止利用新闻形式、医疗资讯服务类专题节（栏）目发布或变相发布医疗广告。

有关医疗机构的人物专访、专题报道等宣传内容，可以出现医疗机构名称，但不得出现有关医疗机构的地址、联系方式等医疗广告内容；不得在同一媒介的同一时间段或者版面发布该医疗机构的广告。

第十七条　医疗机构应当按照《医疗广告审查证明》核准的广告成品样件内容与媒体类别发布医疗广告。

医疗广告内容需要改动或者医疗机构的执业情况发生变化，与经审查的医疗广告成品样件内容不符的，医疗机构应当重新提出审查申请。

第十八条　广告经营者、广告发布者发布医疗广告，应当由其广告审查员查验《医疗广告审查证明》，核实广告内容。

第十九条　有下列情况之一的，省级卫生行政部门、中医药管理部门应当收回《医疗广告审查证明》，并告知有关医疗机构：

（一）医疗机构受到停业整顿、吊销《医疗机构执业许可证》的；

（二）医疗机构停业、歇业或被注销的；

（三）其他应当收回《医疗广告审查证明》的情形。

第二十条　医疗机构违反本办法规定发布医疗广告，县级以上地方卫生行政部门、中医药管理部门应责令其限期改正，给予警告；情节严重的，核发《医疗机构执业许可证》的卫生行政部门、中医药管理部门可以责令其停业整顿、吊销有关诊疗科目，直至吊销《医疗机构执业许可证》。

未取得《医疗机构执业许可证》发布医疗广告的，按非法行医处罚。

第二十一条　医疗机构篡改《医疗广告审查证明》内容发布医疗广告的，省级卫生行政部门、中医药管理部门应当撤销《医疗广告审查证明》，并在一年内不受理该医疗机构的广告审查申请。

省级卫生行政部门、中医药管理部门撤销《医疗广告审查证明》后，应当自作出行政处理决定之日起 5 个工作日内通知同级工商行政管理机关，工商行政管理机关应当依法予以查处。

第二十二条　工商行政管理机关对违反本办法规定的广告主、广告经营者、广告发布者依据《广告法》《反不正当竞争法》予以处罚，对情节严重，造成严重后果的，可以并处一至六个月暂停发布医疗广告直至取消广告经营者、广告发布者的医疗广告经营和发布资格的处罚。法律法规没有规定的，工商行政管理机关应当对负有责任的广告主、广告经营者、广告发布者给予警告或者处以一万元以上三万元以下的罚款；医疗广告内容涉嫌虚假的，工商行政管理机关可根据需要会同卫生行政部门、中医药管理部门作出认定。

第二十三条　本办法自 2007 年 1 月 1 日起施行。

《医疗美容服务管理办法》

（2002 年 1 月 22 日卫生部令第 19 号公布

根据 2009 年 2 月 13 日《卫生部关于修改〈医疗美容服务管理办法〉第二条的通知》第一次修订

根据 2016 年 1 月 19 日《国家卫生计生委关于修改〈外国医师来华短期行医暂行管理办法〉等 8 件部门规章的决定》第二次修订）

第一章 总 则

第一条 为规范医疗美容服务，促进医疗美容事业的健康发展，维护就医者的合法权益，依据《执业医师法》[①]、《医疗机构管理条例》和《护士管理办法》制定本办法。

第二条 本办法所称医疗美容，是指运用手术、药物、医疗器械以及其他具有创伤性或者侵入性的医学技术方法对人的容貌和人体各部位形态进行的修复与再塑。

本办法所称美容医疗机构，是指以开展医疗美容诊疗业务为主的医疗机构。

本办法所称主诊医师是指具备本办法第十一条规定条件，负责实施医疗美容项目的执业医师。

医疗美容科为一级诊疗科目，美容外科、美容牙科、美容皮肤科和美容中医科为二级诊疗科目。

医疗美容项目由国家卫生计生委委托中华医学会制定并发布。

第三条 凡开展医疗美容服务的机构和个人必须遵守本办法。

第四条 国家卫生计生委（含国家中医药管理局）主管全国医疗美容服务管理工作。县级以上地方人民政府卫生计生行政部门（含中医药行政管理部门，下同）负责本行政区域内医疗美容服务监督管理工作。

第二章 机构设置、登记

第五条 申请举办美容医疗机构或医疗机构设置医疗美容科室必须同时具备下列条件：

（一）具有承担民事责任的能力；

（二）有明确的医疗美容诊疗服务范围；

（三）符合《医疗机构基本标准（试行）》；

（四）省级以上人民政府卫生计生行政部门规定的其他条件。

---

① 编者注：2021 年 8 月 20 日，中华人民共和国第十三届全国人民代表大会常务委员会第三十次会议通过《中华人民共和国医师法》，予以公布，自 2022 年 3 月 1 日起施行。根据《中华人民共和国医师法》第六十七条规定，《中华人民共和国执业医师法》同时废止。

第六条　申请举办美容医疗机构的单位或者个人，应按照本办法以及《医疗机构管理条例》和《医疗机构管理条例实施细则》的有关规定办理设置审批和登记注册手续。

卫生计生行政部门自收到合格申办材料之日起 30 日内作出批准或不予批准的决定，并书面答复申办者。

第七条　卫生计生行政部门应在核发美容医疗机构《设置医疗机构批准书》和《医疗机构执业许可证》的同时，向上一级卫生计生行政部门备案。

上级卫生计生行政部门对下级卫生计生行政部门违规作出的审批决定应自发现之日起 30 日内予以纠正或撤销。

第八条　美容医疗机构必须经卫生计生行政部门登记注册并获得《医疗机构执业许可证》后方可开展执业活动。

第九条　医疗机构增设医疗美容科目的，必须具备本办法规定的条件，按照《医疗机构管理条例》及其实施细则规定的程序，向登记注册机关申请变更登记。

第十条　美容医疗机构和医疗美容科室开展医疗美容项目应当由登记机关指定的专业学会核准，并向登记机关备案。

第三章　执业人员资格

第十一条　负责实施医疗美容项目的主诊医师必须同时具备下列条件：

（一）具有执业医师资格，经执业医师注册机关注册；

（二）具有从事相关临床学科工作经历。其中，负责实施美容外科项目的应具有 6 年以上从事美容外科或整形外科等相关专业临床工作经历；负责实施美容牙科项目的应具有 5 年以上从事美容牙科或口腔科专业临床工作经历；负责实施美容中医科和美容皮肤科项目的应分别具有 3 年以上从事中医专业和皮肤病专业临床工作经历；

（三）经过医疗美容专业培训或进修并合格，或已从事医疗美容临床工作 1 年以上；

（四）省级人民政府卫生计生行政部门规定的其他条件。

第十二条　不具备本办法第十一条规定的主诊医师条件的执业医师，可在主诊医师的指导下从事医疗美容临床技术服务工作。

第十三条　从事医疗美容护理工作的人员，应同时具备下列条件：

（一）具有护士资格，并经护士注册机关注册；

（二）具有 2 年以上护理工作经历；

（三）经过医疗美容护理专业培训或进修并合格，或已从事医疗美容临床护理工作 6 个月以上。

第十四条　未经卫生计生行政部门核定并办理执业注册手续的人员不得从事医疗美容诊疗服务。

第四章 执业规则

第十五条 实施医疗美容项目必须在相应的美容医疗机构或开设医疗美容科室的医疗机构中进行。

第十六条 美容医疗机构和医疗美容科室应根据自身条件和能力在卫生计生行政部门核定的诊疗科目范围内开展医疗服务，未经批准不得擅自扩大诊疗范围。

美容医疗机构及开设医疗美容科室的医疗机构不得开展未向登记机关备案的医疗美容项目。

第十七条 美容医疗机构执业人员要严格执行有关法律、法规和规章，遵守医疗美容技术操作规程。

美容医疗机构使用的医用材料须经有关部门批准。

第十八条 医疗美容服务实行主诊医师负责制。医疗美容项目必须由主诊医师负责或在其指导下实施。

第十九条 执业医师对就医者实施治疗前，必须向就医者本人或亲属书面告知治疗的适应症、禁忌症、医疗风险和注意事项等，并取得就医者本人或监护人的签字同意。未经监护人同意，不得为无行为能力或者限制行为能力人实施医疗美容项目。

第二十条 美容医疗机构和医疗美容科室的从业人员要尊重就医者的隐私权，未经就医者本人或监护人同意，不得向第三方披露就医者病情及病历资料。

第二十一条 美容医疗机构和医疗美容科室发生重大医疗过失，要按规定及时报告当地人民政府卫生计生行政部门。

第二十二条 美容医疗机构和医疗美容科室应加强医疗质量管理，不断提高服务水平。

第五章 监督管理

第二十三条 任何单位和个人，未取得《医疗机构执业许可证》并经登记机关核准开展医疗美容诊疗科目，不得开展医疗美容服务。

第二十四条 各级地方人民政府卫生计生行政部门要加强对医疗美容项目备案的审核。发现美容医疗机构及开设医疗美容科的医疗机构不具备开展某医疗美容项目的条件和能力，应及时通知该机构停止开展该医疗美容项目。

第二十五条 各相关专业学会和行业协会要积极协助卫生计生行政部门规范医疗美容服务行为，加强行业自律工作。

第二十六条 美容医疗机构和医疗美容科室发生医疗纠纷或医疗事故，按照国家有关规定处理。

第二十七条 发布医疗美容广告必须按照国家有关广告管理的法律、法规的规定办理。

第二十八条 对违反本办法规定的，依据《执业医师法》、《医疗机构管理条例》和《护士管理办法》有关规定予以处罚。

第六章　附　则

第二十九条　外科、口腔科、眼科、皮肤科、中医科等相关临床学科在疾病治疗过程中涉及的相关医疗美容活动不受本办法调整。

第三十条　县级以上人民政府卫生计生行政部门应在本办法施行 1 后年内，按本办法规定对已开办的美容医疗机构和开设医疗美容科室的医疗机构进行审核并重核发《医疗机构执业许可证》。

第三十一条　本办法自 2002 年 5 月 1 日起施行。

《医疗机构管理条例》

(1994 年 2 月 26 日中华人民共和国国务院令第 149 号发布

根据 2016 年 2 月 6 日《国务院关于修改部分行政法规的决定》修订)

第一章 总 则

第一条 为了加强对医疗机构的管理，促进医疗卫生事业的发展，保障公民健康，制定本条例。

第二条 本条例适用于从事疾病诊断、治疗活动的医院、卫生院、疗养院、门诊部、诊所、卫生所 (室) 以及急救站等医疗机构。

第三条 医疗机构以救死扶伤，防病治病，为公民的健康服务为宗旨。

第四条 国家扶持医疗机构的发展，鼓励多种形式兴办医疗机构。

第五条 国务院卫生行政部门负责全国医疗机构的监督管理工作。

县级以上地方人民政府卫生行政部门负责本行政区域内医疗机构的监督管理工作。

中国人民解放军卫生主管部门依照本条例和国家有关规定，对军队的医疗机构实施监督管理。

第二章 规划布局和设置审批

第六条 县级以上地方人民政府卫生行政部门应当根据本行政区域内的人口、医疗资源、医疗需求和现有医疗机构的分布状况，制定本行政区域医疗机构设置规划。

机关、企业和事业单位可以根据需要设置医疗机构，并纳入当地医疗机构的设置规划。

第七条 县级以上地方人民政府应当把医疗机构设置规划纳入当地的区域卫生发展规划和城乡建设发展总体规划。

第八条 设置医疗机构应当符合医疗机构设置规划和医疗机构基本标准。

医疗机构基本标准由国务院卫生行政部门制定。

第九条 单位或者个人设置医疗机构，必须经县级以上地方人民政府卫生行政部门审查批准，并取得设置医疗机构批准书。

第十条 申请设置医疗机构，应当提交下列文件：

(一) 设置申请书；

(二) 设置可行性研究报告；

(三) 选址报告和建筑设计平面图。

第十一条 单位或者个人设置医疗机构，应当按照以下规定提出设置申请：

（一）不设床位或者床位不满 100 张的医疗机构，向所在地的县级人民政府卫生行政部门申请；

（二）床位在 100 张以上的医疗机构和专科医院按照省级人民政府卫生行政部门的规定申请。

第十二条 县级以上地方人民政府卫生行政部门应当自受理设置申请之日起 30 日内，作出批准或者不批准的书面答复；批准设置的，发给设置医疗机构批准书。

第十三条 国家统一规划的医疗机构的设置，由国务院卫生行政部门决定。

第十四条 机关、企业和事业单位按照国家医疗机构基本标准设置为内部职工服务的门诊部、诊所、卫生所（室），报所在地的县级人民政府卫生行政部门备案。

第三章 登 记

第十五条 医疗机构执业，必须进行登记，领取《医疗机构执业许可证》。

第十六条 申请医疗机构执业登记，应当具备下列条件：

（一）有设置医疗机构批准书；

（二）符合医疗机构的基本标准；

（三）有适合的名称、组织机构和场所；

（四）有与其开展的业务相适应的经费、设施、设备和专业卫生技术人员；

（五）有相应的规章制度；

（六）能够独立承担民事责任。

第十七条 医疗机构的执业登记，由批准其设置的人民政府卫生行政部门办理。

按照本条例第十三条规定设置的医疗机构的执业登记，由所在地的省、自治区、直辖市人民政府卫生行政部门办理。

机关、企业和事业单位设置的为内部职工服务的门诊部、诊所、卫生所（室）的执业登记，由所在地的县级人民政府卫生行政部门办理。

第十八条 医疗机构执业登记的主要事项：

（一）名称、地址、主要负责人；

（二）所有制形式；

（三）诊疗科目、床位；

（四）注册资金。

第十九条 县级以上地方人民政府卫生行政部门自受理执业登记申请之日起 45 日内，根据本条例和医疗机构基本标准进行审核。审核合格的，予以登记，发给《医疗机构执业许可证》；审核不合格的，将审核结果以书面形式通知申请人。

第二十条 医疗机构改变名称、场所、主要负责人、诊疗科目、床位，必须向原登记机关办理变更登记。

第二十一条 医疗机构歇业，必须向原登记机关办理注销登记。经登记机关核准后，收缴《医疗机构执业许可证》。

医疗机构非因改建、扩建、迁建原因停业超过 1 年的，视为歇业。

第二十二条 床位不满 100 张的医疗机构，其《医疗机构执业许可证》每年校验 1 次；床位在 100 张以上的医疗机构，其《医疗机构执业许可证》每 3 年校验 1 次。校验由原登记机关办理。

第二十三条　《医疗机构执业许可证》不得伪造、涂改、出卖、转让、出借。

《医疗机构执业许可证》遗失的，应当及时申明，并向原登记机关申请补发。

第四章　执　业

第二十四条　任何单位或者个人，未取得《医疗机构执业许可证》，不得开展诊疗活动。

第二十五条　医疗机构执业，必须遵守有关法律、法规和医疗技术规范。

第二十六条　医疗机构必须将《医疗机构执业许可证》、诊疗科目、诊疗时间和收费标准悬挂于明显处所。

第二十七条　医疗机构必须按照核准登记的诊疗科目开展诊疗活动。

第二十八条　医疗机构不得使用非卫生技术人员从事医疗卫生技术工作。

第二十九条　医疗机构应当加强对医务人员的医德教育。

第三十条　医疗机构工作人员上岗工作，必须佩带载有本人姓名、职务或者职称的标牌。

第三十一条　医疗机构对危重病人应当立即抢救。对限于设备或者技术条件不能诊治的病人，应当及时转诊。

第三十二条　未经医师（士）亲自诊查病人，医疗机构不得出具疾病诊断书、健康证明书或者死亡证明书等证明文件；未经医师（士）、助产人员亲自接产，医疗机构不得出具出生证明书或者死产报告书。

第三十三条　医疗机构施行手术、特殊检查或者特殊治疗时，必须征得患者同意，并应当取得其家属或者关系人同意并签字；无法取得患者意见时，应当取得家属或者关系人同意并签字；无法取得患者意见又无家属或者关系人在场，或者遇到其他特殊情况时，经治医师应当提出医疗处置方案，在取得医疗机构负责人或者被授权负责人员的批准后实施。

第三十四条　医疗机构发生医疗事故，按照国家有关规定处理。

第三十五条　医疗机构对传染病、精神病、职业病等患者的特殊诊治和处理，应当按照国家有关法律、法规的规定办理。

第三十六条　医疗机构必须按照有关药品管理的法律、法规，加强药品管理。

第三十七条　医疗机构必须按照人民政府或者物价部门的有关规定收取医疗费用，详列细项，并出具收据。

第三十八条　医疗机构必须承担相应的预防保健工作，承担县级以上人民政府卫生行政部门委托的支援农村、指导基层医疗卫生工作等任务。

第三十九条　发生重大灾害、事故、疾病流行或者其他意外情况时，医疗机构及其卫生技术人员必须服从县级以上人民政府卫生行政部门的调遣。

第五章　监督管理

第四十条　县级以上人民政府卫生行政部门行使下列监督管理职权：

(一) 负责医疗机构的设置审批、执业登记和校验；

(二) 对医疗机构的执业活动进行检查指导；

(三) 负责组织对医疗机构的评审；

(四) 对违反本条例的行为给予处罚。

第四十一条　国家实行医疗机构评审制度，由专家组成的评审委员会按照医疗机构评审办法和评审标准，对医疗机构的执业活动、医疗服务质量等进行综合评价。

医疗机构评审办法和评审标准由国务院卫生行政部门制定。

第四十二条　县级以上地方人民政府卫生行政部门负责组织本行政区域医疗机构评审委员会。

医疗机构评审委员会由医院管理、医学教育、医疗、医技、护理和财务等有关专家组成。评审委员会成员由县级以上地方人民政府卫生行政部门聘任。

第四十三条　县级以上地方人民政府卫生行政部门根据评审委员会的评审意见，对达到评审标准的医疗机构，发给评审合格证书；对未达到评审标准的医疗机构，提出处理意见。

第六章　罚　则

第四十四条　违反本条例第二十四条规定，未取得《医疗机构执业许可证》擅自执业的，由县级以上人民政府卫生行政部门责令其停止执业活动，没收非法所得和药品、器械，并可以根据情节处以 1 万元以下的罚款。

第四十五条　违反本条例第二十二条规定，逾期不校验《医疗机构执业许可证》仍从事诊疗活动的，由县级以上人民政府卫生行政部门责令其限期补办校验手续；拒不校验的，吊销其《医疗机构执业许可证》。

第四十六条　违反本条例第二十三条规定，出卖、转让、出借《医疗机构执业许可证》的，由县级以上人民政府卫生行政部门没收非法所得，并可以处以 5000 元以下的罚款；情节严重的，吊销其《医疗机构执业许可证》。

第四十七条　违反本条例第二十七条规定，诊疗活动超出登记范围的，由县级以上人民政府卫生行政部门予以警告、责令其改正，并可以根据情节处以 3000 元以下的罚款；情节严重的，吊销其《医疗机构执业许可证》。

第四十八条　违反本条例第二十八条规定，使用非卫生技术人员从事医疗卫生技术工作的，由县级以上人民政府卫生行政部门责令其限期改正，并可以处以 5000 元以下的罚款；情节严重的，吊销其《医疗机构执业许可证》。

第四十九条　违反本条例第三十二条规定，出具虚假证明文件的，由县级以上人民政府卫生行政部门予以警告；对造成危害后果的，可以处以 1000 元以下的罚款；对直接责任人员由所在单位或者上级机关给予行政处分。

第五十条　没收的财物和罚款全部上交国库。

第五十一条　当事人对行政处罚决定不服的，可以依照国家法律、法规的规定申请行政复议或者提起行政诉讼。当事人对罚款及没收药品、器械的处罚决定未在法定期限内申请复议或者提起诉讼又不履行的，县级以上人民政府卫生行政部门可以申请人民法院强制执行。

第七章 附 则

第五十二条 本条例实施前已经执业的医疗机构，应当在条例实施后的 6 个月内，按照本条例第三章的规定，补办登记手续，领取《医疗机构执业许可证》。

第五十三条 外国人在中华人民共和国境内开设医疗机构及香港、澳门、台湾居民在内地开设医疗机构的管理办法，由国务院卫生行政部门另行制定。

第五十四条 本条例由国务院卫生行政部门负责解释。

第五十五条 本条例自 1994 年 9 月 1 日起施行。1951 年政务院批准发布的《医院诊所管理暂行条例》同时废止。

《医疗机构病历管理规定》

第一章 总 则

第一条 为加强医疗机构病历管理，保障医疗质量与安全，维护医患双方的合法权益，制定本规定。

第二条 病历是指医务人员在医疗活动过程中形成的文字、符号、图表、影像、切片等资料的总和，包括门（急）诊病历和住院病历。病历归档以后形成病案。

第三条 本规定适用于各级各类医疗机构对病历的管理。

第四条 按照病历记录形式不同，可区分为纸质病历和电子病历。电子病历与纸质病历具有同等效力。

第五条 医疗机构应当建立健全病历管理制度，设置病案管理部门或者配备专（兼）职人员，负责病历和病案管理工作。

医疗机构应当建立病历质量定期检查、评估与反馈制度。医疗机构医务部门负责病历的质量管理。

第六条 医疗机构及其医务人员应当严格保护患者隐私，禁止以非医疗、教学、研究目的泄露患者的病历资料。

第二章 病历的建立

第七条 医疗机构应当建立门（急）诊病历和住院病历编号制度，为同一患者建立唯一的标识号码。已建立电子病历的医疗机构，应当将病历标识号码与患者身份证明编号相关联，使用标识号码和身份证明编号均能对病历进行检索。

门（急）诊病历和住院病历应当标注页码或者电子页码。

第八条 医务人员应当按照《病历书写基本规范》、《中医病历书写基本规范》、《电子病历基本规范（试行）》和《中医电子病历基本规范（试行）》要求书写病历。

第九条 住院病历应当按照以下顺序排序：体温单、医嘱单、入院记录、病程记录、术前讨论记录、手术同意书、麻醉同意书、麻醉术前访视记录、手术安全核查记录、手术清点记录、麻醉记录、手术记录、麻醉术后访视记录、术后病程记录、病重（病危）患者护理记录、出院记录、死亡记录、输血治疗知情同意书、特殊检查（特殊治疗）同意书、会诊记录、病危（重）通知书、病理资料、辅助检查报告单、医学影像检查资料。

病案应当按照以下顺序装订保存：住院病案首页、入院记录、病程记录、术前讨论记录、手术同意书、麻醉同意书、麻醉术前访视记录、手术安全核查记录、手术清点记录、麻醉记录、手术记录、麻醉术后访视记录、术后病程记录、出院记录、死亡记录、死亡病例讨论记录、输血治疗知情同意书、特殊检查（特殊治疗）同意书、会诊记录、病危（重）通知书、病理资料、辅助检查报告单、医学影像检查资料、体温单、医嘱单、病重（病危）患者护理记录。

第三章 病历的保管

第十条 门（急）诊病历原则上由患者负责保管。医疗机构建有门（急）诊病历档案室或者已建立门（急）诊电子病历的，经患者或者其法定代理人同意，其门（急）诊病历可以由医疗机构负责保管。

住院病历由医疗机构负责保管。

第十一条 门（急）诊病历由患者保管的，医疗机构应当将检查检验结果及时交由患者保管。

第十二条 门（急）诊病历由医疗机构保管的，医疗机构应当在收到检查检验结果后24小时内，将检查检验结果归入或者录入门（急）诊病历，并在每次诊疗活动结束后首个工作日内将门（急）诊病历归档。

第十三条 患者住院期间，住院病历由所在病区统一保管。因医疗活动或者工作需要，须将住院病历带离病区时，应当由病区指定的专门人员负责携带和保管。

医疗机构应当在收到住院患者检查检验结果和相关资料后24小时内归入或者录入住院病历。

患者出院后，住院病历由病案管理部门或者专（兼）职人员统一保存、管理。

第十四条 医疗机构应当严格病历管理，任何人不得随意涂改病历，严禁伪造、隐匿、销毁、抢夺、窃取病历。

第四章 病历的借阅与复制

第十五条 除为患者提供诊疗服务的医务人员，以及经卫生计生行政部门、中医药管理部门或者医疗机构授权的负责病案管理、医疗管理的部门或者人员外，其他任何机构和个人不得擅自查阅患者病历。

第十六条 其他医疗机构及医务人员因科研、教学需要查阅、借阅病历的，应当向患者就诊医疗机构提出申请，经同意并办理相应手续后方可查阅、借阅。查阅后应当立即归还，借阅病历应当在3个工作日内归还。查阅的病历资料不得带离患者就诊医疗机构。

第十七条 医疗机构应当受理下列人员和机构复制或者查阅病历资料的申请，并依规定提供病历复制或者查阅服务：

（一）患者本人或者其委托代理人；

（二）死亡患者法定继承人或者其代理人。

第十八条 医疗机构应当指定部门或者专（兼）职人员负责受理复制病历资料的申请。受理申请时，应当要求申请人提供有关证明材料，并对申请材料的形式进行审核。

（一）申请人为患者本人的，应当提供其有效身份证明；

（二）申请人为患者代理人的，应当提供患者及其代理人的有效身份证明，以及代理人与患者代理关系的法定证明材料和授权委托书；

（三）申请人为死亡患者法定继承人的，应当提供患者死亡证明、死亡患者法定继承人的有效身份证明，死亡患者与法定继承人关系的法定证明材料；

（四）申请人为死亡患者法定继承人代理人的，应当提供患者死亡证明、死亡患者法定继承人及其代理人的有效身份证明，死亡患者与法定继承人关系的法定证明材料，代理人与法定继承人代理关系的法定证明材料及授权委托书。

第十九条　医疗机构可以为申请人复制门（急）诊病历和住院病历中的体温单、医嘱单、住院志（入院记录）、手术同意书、麻醉同意书、麻醉记录、手术记录、病重（病危）患者护理记录、出院记录、输血治疗知情同意书、特殊检查（特殊治疗）同意书、病理报告、检验报告等辅助检查报告单、医学影像检查资料等病历资料。

第二十条　公安、司法、人力资源社会保障、保险以及负责医疗事故技术鉴定的部门，因办理案件、依法实施专业技术鉴定、医疗保险审核或仲裁、商业保险审核等需要，提出审核、查阅或者复制病历资料要求的，经办人员提供以下证明材料后，医疗机构可以根据需要提供患者部分或全部病历：

（一）该行政机关、司法机关、保险或者负责医疗事故技术鉴定部门出具的调取病历的法定证明；

（二）经办人本人有效身份证明；

（三）经办人本人有效工作证明（需与该行政机关、司法机关、保险或者负责医疗事故技术鉴定部门一致）。

保险机构因商业保险审核等需要，提出审核、查阅或者复制病历资料要求的，还应当提供保险合同复印件、患者本人或者其代理人同意的法定证明材料；患者死亡的，应当提供保险合同复印件、死亡患者法定继承人或者其代理人同意的法定证明材料。合同或者法律另有规定的除外。

第二十一条　按照《病历书写基本规范》和《中医病历书写基本规范》要求，病历尚未完成，申请人要求复制病历时，可以对已完成病历先行复制，在医务人员按照规定完成病历后，再对新完成部分进行复制。

第二十二条　医疗机构受理复制病历资料申请后，由指定部门或者专（兼）职人员通知病案管理部门或专（兼）职人员，在规定时间内将需要复制的病历资料送至指定地点，并在申请人在场的情况下复制；复制的病历资料经申请人和医疗机构双方确认无误后，加盖医疗机构证明印记。

第二十三条　医疗机构复制病历资料，可以按照规定收取工本费。

第五章　病历的封存与启封

第二十四条　依法需要封存病历时，应当在医疗机构或者其委托代理人、患者或者其代理人在场的情况下，对病历共同进行确认，签封病历复制件。

医疗机构申请封存病历时，医疗机构应当告知患者或者其代理人共同实施病历封存；但患者或者其代理人拒绝或者放弃实施病历封存的，医疗机构可以在公证机构公证的情况下，对病历进行确认，由公证机构签封病历复制件。

第二十五条　医疗机构负责封存病历复制件的保管。

第二十六条 封存后病历的原件可以继续记录和使用。

按照《病历书写基本规范》和《中医病历书写基本规范》要求，病历尚未完成，需要封存病历时，可以对已完成病历先行封存，当医师按照规定完成病历后，再对新完成部分进行封存。

第二十七条 开启封存病历应当在签封各方在场的情况下实施。

第六章 病历的保存

第二十八条 医疗机构可以采用符合档案管理要求的缩微技术等对纸质病历进行处理后保存。

第二十九条 门（急）诊病历由医疗机构保管的，保存时间自患者最后一次就诊之日起不少于15年；住院病历保存时间自患者最后一次住院出院之日起不少于30年。

第三十条 医疗机构变更名称时，所保管的病历应当由变更后医疗机构继续保管。

医疗机构撤销后，所保管的病历可以由省级卫生计生行政部门、中医药管理部门或者省级卫生计生行政部门、中医药管理部门指定的机构按照规定妥善保管。

第七章 附 则

第三十一条 本规定由国家卫生计生委负责解释。

第三十二条 本规定自2014年1月1日起施行。原卫生部和国家中医药管理局于2002年公布的《医疗机构病历管理规定》（卫医发〔2002〕193号）同时废止。

《医疗纠纷预防和处理条例》

第一章 总 则

第一条 为了预防和妥善处理医疗纠纷，保护医患双方的合法权益，维护医疗秩序，保障医疗安全，制定本条例。

第二条 本条例所称医疗纠纷，是指医患双方因诊疗活动引发的争议。

第三条 国家建立医疗质量安全管理体系，深化医药卫生体制改革，规范诊疗活动，改善医疗服务，提高医疗质量，预防、减少医疗纠纷。

在诊疗活动中，医患双方应当互相尊重，维护自身权益应当遵守有关法律、法规的规定。

第四条 处理医疗纠纷，应当遵循公平、公正、及时的原则，实事求是，依法处理。

第五条 县级以上人民政府应当加强对医疗纠纷预防和处理工作的领导、协调，将其纳入社会治安综合治理体系，建立部门分工协作机制，督促部门依法履行职责。

第六条 卫生主管部门负责指导、监督医疗机构做好医疗纠纷的预防和处理工作，引导医患双方依法解决医疗纠纷。

司法行政部门负责指导医疗纠纷人民调解工作。

公安机关依法维护医疗机构治安秩序，查处、打击侵害患者和医务人员合法权益以及扰乱医疗秩序等违法犯罪行为。

财政、民政、保险监督管理等部门和机构按照各自职责做好医疗纠纷预防和处理的有关工作。

第七条 国家建立完善医疗风险分担机制，发挥保险机制在医疗纠纷处理中的第三方赔付和医疗风险社会化分担的作用，鼓励医疗机构参加医疗责任保险，鼓励患者参加医疗意外保险。

第八条 新闻媒体应当加强医疗卫生法律、法规和医疗卫生常识的宣传，引导公众理性对待医疗风险；报道医疗纠纷，应当遵守有关法律、法规的规定，恪守职业道德，做到真实、客观、公正。

第二章 医疗纠纷预防

第九条 医疗机构及其医务人员在诊疗活动中应当以患者为中心，加强人文关怀，严格遵守医疗卫生法律、法规、规章和诊疗相关规范、常规，恪守职业道德。

医疗机构应当对其医务人员进行医疗卫生法律、法规、规章和诊疗相关规范、常规的培训，并加强职业道德教育。

第十条 医疗机构应当制定并实施医疗质量安全管理制度，设置医疗服务质量监控部门或者配备专（兼）职人员，加强对诊断、治疗、护理、药事、检查等工作的规范化管理，优化服务流程，提高服务水平。

医疗机构应当加强医疗风险管理，完善医疗风险的识别、评估和防控措施，定期检查措施落实情况，及时消除隐患。

第十一条 医疗机构应当按照国务院卫生主管部门制定的医疗技术临床应用管理规定，开展与其技术能力相适应的医疗技术服务，保障临床应用安全，降低医疗风险；采用医疗新技术的，应当开展技术评估和伦理审查，确保安全有效、符合伦理。

第十二条 医疗机构应当依照有关法律、法规的规定，严格执行药品、医疗器械、消毒药剂、血液等的进货查验、保管等制度。禁止使用无合格证明文件、过期等不合格的药品、医疗器械、消毒药剂、血液等。

第十三条 医务人员在诊疗活动中应当向患者说明病情和医疗措施。需要实施手术，或者开展临床试验等存在一定危险性、可能产生不良后果的特殊检查、特殊治疗的，医务人员应当及时向患者说明医疗风险、替代医疗方案等情况，并取得其书面同意；在患者处于昏迷等无法自主作出决定的状态或者病情不宜向患者说明等情形下，应当向患者的近亲属说明，并取得其书面同意。

紧急情况下不能取得患者或者其近亲属意见的，经医疗机构负责人或者授权的负责人批准，可以立即实施相应的医疗措施。

第十四条 开展手术、特殊检查、特殊治疗等具有较高医疗风险的诊疗活动，医疗机构应当提前预备应对方案，主动防范突发风险。

第十五条 医疗机构及其医务人员应当按照国务院卫生主管部门的规定，填写并妥善保管病历资料。

因紧急抢救未能及时填写病历的，医务人员应当在抢救结束后 6 小时内据实补记，并加以注明。

任何单位和个人不得篡改、伪造、隐匿、毁灭或者抢夺病历资料。

第十六条 患者有权查阅、复制其门诊病历、住院志、体温单、医嘱单、化验单（检验报告）、医学影像检查资料、特殊检查同意书、手术同意书、手术及麻醉记录、病理资料、护理记录、医疗费用以及国务院卫生主管部门规定的其他属于病历的全部资料。

患者要求复制病历资料的，医疗机构应当提供复制服务，并在复制的病历资料上加盖证明印记。复制病历资料时，应当有患者或者其近亲属在场。医疗机构应患者的要求为其复制病历资料，可以收取工本费，收费标准应当公开。

患者死亡的，其近亲属可以依照本条例的规定，查阅、复制病历资料。

第十七条 医疗机构应当建立健全医患沟通机制，对患者在诊疗过程中提出的咨询、意见和建议，应当耐心解释、说明，并按照规定进行处理；对患者就诊疗行为提出的疑问，应当及时予以核实、自查，并指定有关人员与患者或者其近亲属沟通，如实说明情况。

第十八条 医疗机构应当建立健全投诉接待制度，设置统一的投诉管理部门或者配备专（兼）职人员，在医疗机构显著位置公布医疗纠纷解决途径、程序和联系方式等，方便患者投诉或者咨询。

第十九条　卫生主管部门应当督促医疗机构落实医疗质量安全管理制度，组织开展医疗质量安全评估，分析医疗质量安全信息，针对发现的风险制定防范措施。

第二十条　患者应当遵守医疗秩序和医疗机构有关就诊、治疗、检查的规定，如实提供与病情有关的信息，配合医务人员开展诊疗活动。

第二十一条　各级人民政府应当加强健康促进与教育工作，普及健康科学知识，提高公众对疾病治疗等医学科学知识的认知水平。

第三章　医疗纠纷处理

第二十二条　发生医疗纠纷，医患双方可以通过下列途径解决：

（一）双方自愿协商；

（二）申请人民调解；

（三）申请行政调解；

（四）向人民法院提起诉讼；

（五）法律、法规规定的其他途径。

第二十三条　发生医疗纠纷，医疗机构应当告知患者或者其近亲属下列事项：

（一）解决医疗纠纷的合法途径；

（二）有关病历资料、现场实物封存和启封的规定；

（三）有关病历资料查阅、复制的规定。

患者死亡的，还应当告知其近亲属有关尸检的规定。

第二十四条　发生医疗纠纷需要封存、启封病历资料的，应当在医患双方在场的情况下进行。封存的病历资料可以是原件，也可以是复制件，由医疗机构保管。病历尚未完成需要封存的，对已完成病历先行封存；病历按照规定完成后，再对后续完成部分进行封存。医疗机构应当对封存的病历开列封存清单，由医患双方签字或者盖章，各执一份。

病历资料封存后医疗纠纷已经解决，或者患者在病历资料封存满 3 年未再提出解决医疗纠纷要求的，医疗机构可以自行启封。

第二十五条　疑似输液、输血、注射、用药等引起不良后果的，医患双方应当共同对现场实物进行封存、启封，封存的现场实物由医疗机构保管。需要检验的，应当由双方共同委托依法具有检验资格的检验机构进行检验；双方无法共同委托的，由医疗机构所在地县级人民政府卫生主管部门指定。

疑似输血引起不良后果，需要对血液进行封存保留的，医疗机构应当通知提供该血液的血站派员到场。

现场实物封存后医疗纠纷已经解决，或者患者在现场实物封存满 3 年未再提出解决医疗纠纷要求的，医疗机构可以自行启封。

第二十六条　患者死亡，医患双方对死因有异议的，应当在患者死亡后 48 小时内进行尸检；具备尸体冻存条件的，可以延长至 7 日。尸检应当经死者近亲属同意并签字，拒绝签字的，视为死者近亲属不同意进行尸检。不同意或者拖延尸检，超过规定时间，影响对死因判定的，由不同意或者拖延的一方承担责任。

尸检应当由按照国家有关规定取得相应资格的机构和专业技术人员进行。

医患双方可以委派代表观察尸检过程。

第二十七条 患者在医疗机构内死亡的，尸体应当立即移放太平间或者指定的场所，死者尸体存放时间一般不得超过 14 日。逾期不处理的尸体，由医疗机构在向所在地县级人民政府卫生主管部门和公安机关报告后，按照规定处理。

第二十八条 发生重大医疗纠纷的，医疗机构应当按照规定向所在地县级以上地方人民政府卫生主管部门报告。卫生主管部门接到报告后，应当及时了解掌握情况，引导医患双方通过合法途径解决纠纷。

第二十九条 医患双方应当依法维护医疗秩序。任何单位和个人不得实施危害患者和医务人员人身安全、扰乱医疗秩序的行为。

医疗纠纷中发生涉嫌违反治安管理行为或者犯罪行为的，医疗机构应当立即向所在地公安机关报案。公安机关应当及时采取措施，依法处置，维护医疗秩序。

第三十条 医患双方选择协商解决医疗纠纷的，应当在专门场所协商，不得影响正常医疗秩序。医患双方人数较多的，应当推举代表进行协商，每方代表人数不超过 5 人。

协商解决医疗纠纷应当坚持自愿、合法、平等的原则，尊重当事人的权利，尊重客观事实。医患双方应当文明、理性表达意见和要求，不得有违法行为。

协商确定赔付金额应当以事实为依据，防止畸高或者畸低。对分歧较大或者索赔数额较高的医疗纠纷，鼓励医患双方通过人民调解的途径解决。

医患双方经协商达成一致的，应当签署书面和解协议书。

第三十一条 申请医疗纠纷人民调解的，由医患双方共同向医疗纠纷人民调解委员会提出申请；一方申请调解的，医疗纠纷人民调解委员会在征得另一方同意后进行调解。

申请人可以以书面或者口头形式申请调解。书面申请的，申请书应当载明申请人的基本情况、申请调解的争议事项和理由等；口头申请的，医疗纠纷人民调解员应当当场记录申请人的基本情况、申请调解的争议事项和理由等，并经申请人签字确认。

医疗纠纷人民调解委员会获悉医疗机构内发生重大医疗纠纷，可以主动开展工作，引导医患双方申请调解。

当事人已经向人民法院提起诉讼并且已被受理，或者已经申请卫生主管部门调解并且已被受理的，医疗纠纷人民调解委员会不予受理；已经受理的，终止调解。

第三十二条 设立医疗纠纷人民调解委员会，应当遵守《中华人民共和国人民调解法》的规定，并符合本地区实际需要。医疗纠纷人民调解委员会应当自设立之日起 30 个工作日内向所在地县级以上地方人民政府司法行政部门备案。

医疗纠纷人民调解委员会应当根据具体情况，聘任一定数量的具有医学、法学等专业知识且热心调解工作的人员担任专（兼）职医疗纠纷人民调解员。

医疗纠纷人民调解委员会调解医疗纠纷，不得收取费用。医疗纠纷人民调解工作所需经费按照国务院财政、司法行政部门的有关规定执行。

第三十三条 医疗纠纷人民调解委员会调解医疗纠纷时，可以根据需要咨询专家，并可以从本条例第三十五条规定的专家库中选取专家。

第三十四条 医疗纠纷人民调解委员会调解医疗纠纷，需要进行医疗损害鉴定以明确责任的，由医患双方共同委托医学会或者司法鉴定机构进行鉴定，也可以经医患双方同意，由医疗纠纷人民调解委员会委托鉴定。

医学会或者司法鉴定机构接受委托从事医疗损害鉴定，应当由鉴定事项所涉专业的临床医学、法医学等专业人员进行鉴定；医学会或者司法鉴定机构没有相关专业人员的，应当从本条例第三十五条规定的专家库中抽取相关专业专家进行鉴定。

医学会或者司法鉴定机构开展医疗损害鉴定，应当执行规定的标准和程序，尊重科学，恪守职业道德，对出具的医疗损害鉴定意见负责，不得出具虚假鉴定意见。医疗损害鉴定的具体管理办法由国务院卫生、司法行政部门共同制定。

鉴定费预先向医患双方收取，最终按照责任比例承担。

第三十五条 医疗损害鉴定专家库由设区的市级以上人民政府卫生、司法行政部门共同设立。专家库应当包含医学、法学、法医学等领域的专家。聘请专家进入专家库，不受行政区域的限制。

第三十六条 医学会、司法鉴定机构作出的医疗损害鉴定意见应当载明并详细论述下列内容：

（一）是否存在医疗损害以及损害程度；

（二）是否存在医疗过错；

（三）医疗过错与医疗损害是否存在因果关系；

（四）医疗过错在医疗损害中的责任程度。

第三十七条 咨询专家、鉴定人员有下列情形之一的，应当回避，当事人也可以以口头或者书面形式申请其回避：

（一）是医疗纠纷当事人或者当事人的近亲属；

（二）与医疗纠纷有利害关系；

（三）与医疗纠纷当事人有其他关系，可能影响医疗纠纷公正处理。

第三十八条 医疗纠纷人民调解委员会应当自受理之日起30个工作日内完成调解。需要鉴定的，鉴定时间不计入调解期限。因特殊情况需要延长调解期限的，医疗纠纷人民调解委员会和医患双方可以约定延长调解期限。超过调解期限未达成调解协议的，视为调解不成。

第三十九条 医患双方经人民调解达成一致的，医疗纠纷人民调解委员会应当制作调解协议书。调解协议书经医患双方签字或者盖章，人民调解员签字并加盖医疗纠纷人民调解委员会印章后生效。

达成调解协议的，医疗纠纷人民调解委员会应当告知医患双方可以依法向人民法院申请司法确认。

第四十条 医患双方申请医疗纠纷行政调解的，应当参照本条例第三十一条第一款、第二款的规定向医疗纠纷发生地县级人民政府卫生主管部门提出申请。

卫生主管部门应当自收到申请之日起5个工作日内作出是否受理的决定。当事人已经向人民法院提起诉讼并且已被受理，或者已经申请医疗纠纷人民调解委员会调解并且已被受理的，卫生主管部门不予受理；已经受理的，终止调解。

卫生主管部门应当自受理之日起30个工作日内完成调解。需要鉴定的，鉴定时间不计入调解期限。超过调解期限未达成调解协议的，视为调解不成。

第四十一条 卫生主管部门调解医疗纠纷需要进行专家咨询的，可以从本条例第三十五条规定的专家库中抽取专家；医患双方认为需要进行医疗损害鉴定以明确责任的，参照本条例第三十四条的规定进行鉴定。

医患双方经卫生主管部门调解达成一致的，应当签署调解协议书。

第四十二条 医疗纠纷人民调解委员会及其人民调解员、卫生主管部门及其工作人员应当对医患双方的个人隐私等事项予以保密。

未经医患双方同意，医疗纠纷人民调解委员会、卫生主管部门不得公开进行调解，也不得公开调解协议的内容。

第四十三条 发生医疗纠纷，当事人协商、调解不成的，可以依法向人民法院提起诉讼。当事人也可以直接向人民法院提起诉讼。

第四十四条 发生医疗纠纷，需要赔偿的，赔付金额依照法律的规定确定。

第四章 法律责任

第四十五条 医疗机构篡改、伪造、隐匿、毁灭病历资料的，对直接负责的主管人员和其他直接责任人员，由县级以上人民政府卫生主管部门给予或者责令给予降低岗位等级或者撤职的处分，对有关医务人员责令暂停6个月以上1年以下执业活动；造成严重后果的，对直接负责的主管人员和其他直接责任人员给予或者责令给予开除的处分，对有关医务人员由原发证部门吊销执业证书；构成犯罪的，依法追究刑事责任。

第四十六条 医疗机构将未通过技术评估和伦理审查的医疗新技术应用于临床的，由县级以上人民政府卫生主管部门没收违法所得，并处5万元以上10万元以下罚款，对直接负责的主管人员和其他直接责任人员给予或者责令给予降低岗位等级或者撤职的处分，对有关医务人员责令暂停6个月以上1年以下执业活动；情节严重的，对直接负责的主管人员和其他直接责任人员给予或者责令给予开除的处分，对有关医务人员由原发证部门吊销执业证书；构成犯罪的，依法追究刑事责任。

第四十七条 医疗机构及其医务人员有下列情形之一的，由县级以上人民政府卫生主管部门责令改正，给予警告，并处1万元以上5万元以下罚款；情节严重的，对直接负责的主管人员和其他直接责任人员给予或者责令给予降低岗位等级或者撤职的处分，对有关医务人员可以责令暂停1个月以上6个月以下执业活动；构成犯罪的，依法追究刑事责任：

（一）未按规定制定和实施医疗质量安全管理制度；

（二）未按规定告知患者病情、医疗措施、医疗风险、替代医疗方案等；

（三）开展具有较高医疗风险的诊疗活动，未提前预备应对方案防范突发风险；

（四）未按规定填写、保管病历资料，或者未按规定补记抢救病历；

（五）拒绝为患者提供查阅、复制病历资料服务；

（六）未建立投诉接待制度、设置统一投诉管理部门或者配备专（兼）职人员；

（七）未按规定封存、保管、启封病历资料和现场实物；

（八）未按规定向卫生主管部门报告重大医疗纠纷；

（九）其他未履行本条例规定义务的情形。

第四十八条　医学会、司法鉴定机构出具虚假医疗损害鉴定意见的，由县级以上人民政府卫生、司法行政部门依据职责没收违法所得，并处 5 万元以上 10 万元以下罚款，对该医学会、司法鉴定机构和有关鉴定人员责令暂停 3 个月以上 1 年以下医疗损害鉴定业务，对直接负责的主管人员和其他直接责任人员给予或者责令给予降低岗位等级或者撤职的处分；情节严重的，该医学会、司法鉴定机构和有关鉴定人员 5 年内不得从事医疗损害鉴定业务或者撤销登记，对直接负责的主管人员和其他直接责任人员给予或者责令给予开除的处分；构成犯罪的，依法追究刑事责任。

第四十九条　尸检机构出具虚假尸检报告的，由县级以上人民政府卫生、司法行政部门依据职责没收违法所得，并处 5 万元以上 10 万元以下罚款，对该尸检机构和有关尸检专业技术人员责令暂停 3 个月以上 1 年以下尸检业务，对直接负责的主管人员和其他直接责任人员给予或者责令给予降低岗位等级或者撤职的处分；情节严重的，撤销该尸检机构和有关尸检专业技术人员的尸检资格，对直接负责的主管人员和其他直接责任人员给予或者责令给予开除的处分；构成犯罪的，依法追究刑事责任。

第五十条　医疗纠纷人民调解员有下列行为之一的，由医疗纠纷人民调解委员会给予批评教育、责令改正；情节严重的，依法予以解聘：

（一）偏袒一方当事人；

（二）侮辱当事人；

（三）索取、收受财物或者牟取其他不正当利益；

（四）泄露医患双方个人隐私等事项。

第五十一条　新闻媒体编造、散布虚假医疗纠纷信息的，由有关主管部门依法给予处罚；给公民、法人或者其他组织的合法权益造成损害的，依法承担消除影响、恢复名誉、赔偿损失、赔礼道歉等民事责任。

第五十二条　县级以上人民政府卫生主管部门和其他有关部门及其工作人员在医疗纠纷预防和处理工作中，不履行职责或者滥用职权、玩忽职守、徇私舞弊的，由上级人民政府卫生等有关部门或者监察机关责令改正；依法对直接负责的主管人员和其他直接责任人员给予处分；构成犯罪的，依法追究刑事责任。

第五十三条　医患双方在医疗纠纷处理中，造成人身、财产或者其他损害的，依法承担民事责任；构成违反治安管理行为的，由公安机关依法给予治安管理处罚；构成犯罪的，依法追究刑事责任。

第五章　附　则

第五十四条　军队医疗机构的医疗纠纷预防和处理办法，由中央军委机关有关部门会同国务院卫生主管部门依据本条例制定。

第五十五条　对诊疗活动中医疗事故的行政调查处理，依照《医疗事故处理条例》的相关规定执行。

第五十六条　本条例自 2018 年 10 月 1 日起施行。

在本书完成之际，谨以最真挚的诚意对下列机构和人员表示感谢，没有他们的大力支持和帮助，本书难以如期与广大读者见面。

感谢杭州电视台西湖明珠频道金剑工作室、杭州市西湖区司法局、潘月新调解工作室，感谢他们从本书写作酝酿伊始就对此密切关注，并在编写阶段给予协助。

感谢本书全体编委的支持，感谢他们对本书选题及内容的共同关注及宝贵建议。

希望本书能为广大读者提供更多关于医疗纠纷处理的理性思考，增加一些知法、懂法、用法的法律明白人，也希冀本书能为打造和谐社会贡献一份微薄力量。